学校が
キライな
君へ

加藤良雄

同時代社

目次

第二部

現在《いま》を生きる教え子たち

序に代えて──三二年前にタイムスリップ

誰もが学校を通ってきた。また通りつつある。学校って何だろう？　学校をキライな人も好きな人も、立ち止まって考えるきっかけになればと願い、この本をまとめた。

私は三八年間都立高校の教師であった。全日制で二六年、その後定時制で一二年。本書はその中の、主に定時制での体験を綴ったものである。第一部は、「東京・教育の自由裁判をすすめる会」の通信『リベルテ』に連載したものの再録、第二部は今まで書き溜めたものを掲載した。

冒頭にあたって、私が最初に赴任した全日制高校の生徒との触れ合いを語ろうと思う。

二〇一七年四月下旬、私が担任をした学年の同期会が開かれた。六クラスから約七〇人が集まった。彼らの卒業から三二年の歳月が流れていた。

私の担当したC組にケンという生徒がいた。彼は、一言でいうと「口八丁手八丁」。つまり、味方になれば担任にとって（表現は悪いが）非常に便利、しかし敵に回せば面倒な生徒だった。結果的にケンは、私にとって後者となった。若かった私（三〇代前半）は彼と真正面からぶつかった。男子の「サポーター」がケンの周りについた。女子の一部も応援に加わった。「アンチ担任」の雰囲気がクラスを覆い、それは長く続いた。卒業も近づきアルバム作成が始まった。C組のページに私のスナップ写真はなかった。集合写真でも担任の私は端っこに立っている。卒業式を迎えてもクラスの雰囲気は変わらず、ケンとも挨拶ひとつなく別れた。

ひとつだけ私が心がけたことがある。クラス通信を出し続けたことだ。卒業式当日の通信にも、一人ひとりへのコメントを載せた。ケンのコメントにも心を込めた。彼らのほとんどと、それ以降会っていない。

二〇一六年秋、同窓会担当の生徒から、同期会の動きがあると知った。呼びかけているのは何と、あのケンだという。少々迷ったが参加することにした。

当日、夕闇迫る中、私は複雑な気持ちで会場に足を運んだ。いよいよ会が始まる。ケンがまずは「主催者挨拶」。ややあって「ご歓談タイム」。次々と卒業生が押し寄せる。「わっ、先生変わってなーい」「私のこと覚えてます？」。三二年前の思い出が一挙に噴出する時間だった。

突然ケンが私の前に、ビール片手にやってきた。「先生、お久しぶりです。あの時はオレも先生にずいぶん迷惑かけちゃって。今、オレも仕事で若い子を相手にしてるけど、先生の苦労がわかった気がします」。これが三二年後のケン？ 驚き。

いつの間にかクラス写真の撮影が始まった。「先生、真ん中に入って」と言われて、遠慮がちに彼らの間に入る。「はい、チーズ！」。皆が笑顔で写真に納まった。

数日後、私は当日の模様をパソコンで「3C通信・復活編」にまとめた。当日撮った集合写真も大きく掲載し、すでに五〇歳になっている「生徒」たちに郵送した。反応は大きかった。「クラス通信、すごく懐かしい」「感動！ 加藤先生の特徴ある字で書かれた手書きの通信を思い出しました」などなど。ケンからは驚くべきメールが届いた。「3C通信ありがとうございました。あの頃のクラス通信は今でも全部取ってあります」。

生徒たちからの反応が一段落ついた頃、ある男子生徒から長い手紙が届いた。彼は当日、広島からわざわざ参加した。

……クラス通信をありがとうございました。（中略）高校で一つ心残りだったのは、卒業アルバムです。集合写真を、加藤先生を中心にもう少しアイデアを練った構図にすればよかった。このことを長い間ずっと考え続けていました。今回、先生を「ほぼ真ん中」にクラス写真を撮ることができてよかったです。三〇年以上心に残っていたことが氷解した気がしました。C組は二〇人以上で、一番参加の多いクラスだったようですね……

私はその手紙に心うたれ、すぐにメールした。「一度会って話したい。広島まで行く」と。すぐ返事が来た。夏に会う約束をした。

彼と広島で待ち合わせ。車であちこちを案内してくれた。その後、私のために予約しておいてくれたホテルにチェックインした。驚いたことに彼も同じホテルに泊まるという。「車ですから、飲んじゃうと家に帰れないし、泊まったほうがゆっくり酒も飲めるし話もできるし」とこともなげに言う。

二人で居酒屋に入り、広島名産の酒と肴を堪能した。翌日の午前中も彼は仕事をやりくりして、日本三大酒処の一つ西条を案内してくれた。朝からの利き酒で帰りの新幹線では爆睡。再会の感激に浸った。

青年期の発達はダイナミズムそのもの。高校三年間がひとりひとりに与える影響は途方もなく大きい。その三年間を心に沈めて彼らは生き、今に至っている。教師の私も彼らとともに生きている。退職後七年を経た今、教師とは一人ひとりの人生に伴走できる苦しくも幸せな仕事だと、改めて思う。

第一部

心に春の光よ届け

＊初出・「東京・教育の自由裁判をすすめる会」の通信『リベルテ』への連載〈気がつけば「町のオジサン」①～⑳〉（二〇一二年七月～二〇一七年一〇月）。

1 退職の日に研修なんて！

都立高校（夜間定時制）の教師をしていました。定年退職したのは、忘れもしない東日本大震災があった三月の末日。震災の夜は多くの生徒が学校に泊まり、毛布と乾パンが配られました。私も職員室にごろ寝。おセンチになる間もなく退職しました。決して忘れることはないでしょう。

今は教師稼業を一切やめて、「町のオジサン」に徹する日々。忘れないうちに、現役時代のことを、いくつか書き留めておきます。

独りで行く修学旅行の下見

学校につきもののなのが修学旅行ですよね。私は教師生活最後の年に、沖縄修学旅行の担当になったんです。事前に、沖縄まで出張で下見に行ったんですが、驚いたことが二つありました。

その①　過去の下見の時は必ず複数人数で行き、安全チェックを万全にしていました。しかし今回の下見は私一人！　心細かったですよ。

その②「本番の時に泊まる予定のホテルは宿泊費が高いので、下見の時にそこに泊まると予算オーバーになる」と担当者から言われました！　えっ？　本番の時に泊まるホテルに泊まれない？　自腹でその不足分を出すか、または安めの他のホテルに泊まるかの選択を迫られ、結局自腹を切りました。

宿泊行事は最も気を遣うもの。なのに、「安上がり」を至上命令にして、安全は二の次。これじゃ、原発と同じことですよね。

逃げ切りを許さないパソコン研修

私の最後の年、全ての教職員の机上にパソコンが設置されました（こういうことには金を惜しまないんですね！）。

同時に、定期的に「パソコン研修会」が校内で開かれ、出席が強制されました。研修会当日になると、管理職（校長と教頭）が「先生方、今日はパソコン研修会があります。ぜひ出席を」と声をからして叫びます。

私ですか？　出ませんよ、そんなもの。その年度で退職の身なのに、何でそんなものに出なくてはいけないの？　そもそも、学校はパソコンより生身の生徒に向き合う場のはず。なので、生徒風に言えば、研修会を「シカト」し続けました。

しかし、今の東京都の教育委員会（都教委）はそれを許しません。退職も近づいたある日、管理職に呼ばれました。曰く「加藤さん、今までのパソコン研修会に一度も出ていませんね。出ていない人は三月の二九、三〇、三一日のいずれかの日に都の研修センターに来て研修を受けなさいと、都教委から通知が来ています」。

はあ？　という感じでした。三月三一日で退職する者に対して、二九日から三一日までの間に研修センターに来てパソコンの研修をせよと？　それって、マンガじゃない？

結局、私は都の研修に参加しませんでした。学校って、生徒の笑顔を生み出すのが本来の姿でしょう？　ところが今の学校は、管理統制による「恐怖政治」が支配する場になってしまっている……そのことを痛感しながら退職しました。退職しても、「町のオジサン」として、都教委にもの申していかなければ、と感じています。

2 私はCランクですか？

今の日常生活が「オジサン」化しているとはいえ、教員生活三八年を完ぺきに忘却したわけではありません。退職直後、よく夢を見てうなされました。どんな夢かって？

リアルすぎる夢

その①　授業で声を張り上げている自分がいる。でも生徒は誰も聞いてない。更に大声を出す私。比例して、いっそう喧噪が激しくなる教室。ああ……。

その②　ある先生が私のところに走ってくる。「加藤先生、先生のクラスの○○がさっきタバコを吸ってました！」。青くなる私……。

アホらしいからもう止めますが、でも、本当にリアリティのある（？）夢ばかり。

教師を四段階評価？

三八年間、いつも生徒に問題を突きつけられてきました。そういう時、自由に議論できる教師集団が支えでしたね。一人の生徒の指導をめぐって、職員会議で夜遅くまで激しく論議したこともしばしば。そういう中でこそ相互に成長できた気がします。

今、教師が孤立させられ、分断される状況が構造的に作られています。教師の教育活動を、ＡＢＣＤの四段階に評価する「業績評価制度」がそれ。給与などの処遇に反映されます。ひどいですよね！

ある年、校長から私の評価の説明を受けました。「学校運営」という項目がＣ評価だったので理由を聞くと、「先生は、職員会議でＹ先生を激しく批判し、和を乱したから」とのこと。あきれましたね。Ｙ先生の威圧的なやり方を（裏で悪口を言うのではなく公に節度を持って）批判したのが何故悪いの？「先生は授業中に寝ている生徒を起こしませんでしたね」と、評価Ｃにされた方もいるとか。いやはや、どうなっているの？

管理職が、恣意的な基準で一方的に教師を「評価」するなんて、最悪です。教師が生徒と共に生き、議論しあい、互いに助けあう学校を取りもどしたい。

生徒への最後の手紙

最後の担任を受け持った生徒たち全員に、私がカンペキ「町のオジサン」になってから、手紙を出しました。一人ひとりにコメントを書いて。最後に、裁判に触れて、会話スタイルで書きました。

生徒「先生、退職して何してるの？」
私「君ら、もう卒業したからはっきり言うけど、裁判してます」
生徒「はあ？　何か訴えられたの？」
私「いや、こっちが訴えた」
生徒「誰を？」
私「東京の教育委員会を訴えたの。四〇〇人ぐらいで一緒に」
生徒「何で？」
私「教育委員会のやり方が、あまりに『上から目線』で、強引だから。具体的には、卒業式で『国歌斉唱』ってあるでしょう。『君が代』ね。あれを立って歌わないと処分される」

生徒「マジ？　立って歌わないと処分？」
私「そう。給料が下げられる」
生徒「そりゃひどいなあ！　でも、何で立って歌わないの？」
私「『君が代』は戦前の軍国主義と結びついているし、歌の内容も民主主義に合わないから、歌いたくないという先生が少なくない。私もそう」
生徒「よくわからないけど、オレは別に……」
私「もちろん、いろんな考え方がある。だから、少なくとも強制はして欲しくない。一つの歌とか考え方を押しつけるって、なんか怖いじゃん？　私も自分の意見は言うけど、君たちは君たちなりの考えがあるよね。お互いに尊重しあうのが民主主義の世の中だと思うよ。ともあれ、卒業おめでとう。またゆっくり話そうね」

3
九時過ぎスタートの忘年会

「忘年会やりたいんだけど、先生、いつがいい？」

Tからメールが入ったのは去年の一一月下旬だった。Tは、私が最後に勤務した定時制高校の卒業生。私はTを含む何人かに、折に触れて、国会前の反原発集会の写真をメールで送っていた。その「返事」が来たというわけ。

こちらの都合を言うと、「その日でいいけど、始まりは八時四〇分でいい？　仕事が終わるとその頃になっちゃう」とのこと。はあ、八時四〇分スタートですか。定時制の教師をしていた頃は、勤務が一〇時までだったから、同僚との飲み会のスタートは一〇時半近くだったけど、フツーの「町のオジサン」にとってはヘタするともう寝ている時間。でも断るのも悪いのでOKした。

朝の四時に名古屋へ

当日行くと、何人かは来ていたが、幹事役のTから電話が入る。「先生、ゴメン、仕事が長引いて、そちらに着くと九時過ぎになる」。

Tが「先生、久しぶり」と現れた時は、もう九時半近く。背が高いイケメンだ。始まった頃、前に坐ったYがぼそっと言う。「明日四時に東京を出るんです」。Yは引っ越しの仕事をしていて、朝の四時にトラックを運転して名古屋まで行くという。

参加予定の「悪ガキ」一二人がそろったのは一〇時過ぎ。それぞれきつい肉体労働をしているようだ。最後に来たKは、派遣で葬儀屋の仕事をしている。最近は俳優の大滝秀治の葬儀にも関わったとか。「多い時には月三〇万近くもらえます」と言うが生活はギリギリのよう。彼は二一歳、もうすぐ子どもが生まれる。

時は都知事選の直前。彼らは皆二〇歳を過ぎている。私は、宇都宮候補の法定ビラを持っていき、機会を見はからって皆に配って、「ぜひよろしく」と訴えた。彼らは聞いてはくれたが、仕事に疲れ切って選挙に行くかどうかがそもそも疑問。彼らの労働実態のすさまじさを思う。

橋下ってひどいよね

女子が一人だけ参加。彼女は、短大に通っていて、養護教諭をめざしている。「私、肩にタトゥーがあるけど、就職試験の時心配。大阪の橋下はチェックするって言ってたよね」と不安げに言う。「心配することない。橋下はひどすぎ」と意気投合した。

パチンコ屋で働くSは、よく口が回る。「先生、奥さんとうまくいってんの？　熟年離婚とかじゃ、シャレになんないよ」と一人前のお説教。続けて「先生は選挙、何党に入れるの？　消費税ね、オレ、しょうがないと思うよ。でも、今不況じゃん。今はヤバイと思う。トヨタとか、もっと税金払えって言いたい。儲かってるんだからさ」と、まくし立てる。Sと議論して、それなりに意見が一致。飲んで騒いで、私は一足先に彼らと別れた。久々に気分が高揚した。

英語でメール

帰ってから思い出した。忘年会にはフィリピンにルーツがあるRも来ていて、待ち受け画面の赤ん坊の画像を周りに見せていたっけ。Rに英語でメールをした。彼が話すのはタガログ語、英語、日本語の順であることを知っていたから。

「あのベイビーは君の子どもか」。すぐ英語のメールが返ってきた。画像付きで。「イエス、私の子です。私が卒業する前に彼女が妊娠したんです。目が彼女似です。カトセンセにメリークリスマス！」。

送られてきたベイビーの笑顔がとても可愛かった。

4 大震災より処分優先

私の退職は二〇一一年の三月。その当時のことをドキュメント風に書き留める。

二〇一〇年一二月×日…教頭が傍に来て「加藤先生、後で校長室に来ていただけますか」と慇懃に言う。イヤーな予感。行くと校長と教頭が並んで坐っている。

校長はこう切り出した。「先生は退職後、日勤講師・再任用（※両者は退職後の再雇用の形態）を希望されていない。卒業式の時にどうされるのかを率直にお聞きしたい」。

つまりこうだ。加藤は定年後の職が決まっていない。だから「怖いものがない」。最後の卒業式の「君が代」斉唱時に「不起立」されたら困る、というわけ。

「お答えすることはない」と言って席を立った。怒りがこみあげた。数ヵ月前、校長に

「再任用の推薦をしてもらえますか」と聞いたら、答えは、「推薦するともしないとも言えない」だった。それってノーってことでしょ？　それでいて不起立だけを心配するわけ？

二〇一一年二月×日…学期ごとに校長との面接がある。そこで校長は同じことを尋ねてきた。さらに、「不起立が出た場合、本人だけでなく周りにも影響が出る」と牽制。卑怯な言い方だね。

三月×日…卒業式前日の放課後、私は三たび校長に呼ばれ、同じ事を聞かれた。しぶといね。でも答えは変わらないよ。

三月△日…卒業式当日が来た。式がスタート。司会の「国歌斉唱」という発声と同時に、私は静かに着席した。式はスムーズに進行し、私はその後、卒業生の呼名に立つ。私にとっての最後の卒業式。生徒の顔を見つめながら、思いをこめて名前を呼んだ。心にしみ入る卒業式であった。

終了直後、管理職に呼ばれた。「事情聴取」である。私、何か悪いことした？

三月一一日…二時四六分に東日本大震災が発生！　その日、（全日制の）生徒たちは教室に宿泊。私を含め教員は職員室にごろ寝して一夜を明かした。

三月一五日…原発事故のため国民は恐怖のどん底に。「計画停電」などの影響もあり、定時制では夜間照明自粛、よってクラブ活動は中止。生徒が楽しみにしている給食も中止となった。教師は、生徒への連絡・対応に追われていた。

その日の午後、突然校長が私のところへ来て言う。「都教委の方が来ているので、お話ししていただきたい」。私は「事情聴取には応じない」と拒否した。

教師一人を追い回す暇と金があったら、震災の支援をしっかりやってよ！　と都教委に言ってやりたい。

三月二五日…修了式の日。生徒たちへの退職の挨拶で「人と人とのつながりを大切にして欲しい」と結んだ。

三月三〇日…退職の前日、残務整理をしていると、またもや校長から呼び出し。校長室に行くと都教委の役人が二人来ている。私が入ると、役人はドアのカギを閉めるよう教頭に指示し、「処分発令通知書」を読み上げる。「加藤良雄。地方公務員法……により戒告する」。施錠した室内で私の名前を呼び捨て。不起立だけで「罪人」扱い。これが明日退職を迎える教員への仕打ち？

私は無造作にその通知書を受け取り「こんなことより、東京の教育を良くすることを考えてほしい」と抗議して校長室を出た（ちなみに、校長はこの日「退職辞令」を渡すのを忘れ、私に催促されて四月上旬に郵送してきた！）。

三月三一日…その夜、行きつけの蕎麦屋で妻と退職の祝杯をあげた。教員生活、最後の夜であった。

5 久々、チョークを持ってみたら

「町のオジサン」がまた教壇に立ちました。都立P高校で数ヵ月限定の短期間。時間講師が突然リタイア、急遽その後任を頼まれたというわけ。専任だけでなく時間講師も、ダウンする人がけっこういると聞く。

小学生のように

教壇に立つのは二年ぶり。全日制で教えるのは一四年ぶり。前日の夜は、教える内容をもう一度予習し、次の日に着る衣類をまとめて枕元に置き（小学生みたい！　笑）、早めに寝た。朝は五時前に起床、薄暗い中家を出た。

テンヤワンヤの中、最初の授業も無事終わり教室を出ようとしたら、ある真面目そうな女子生徒が近づいてきて「ありがとうございました」と挨拶。いやあ、過去に「ウルセーなぁ」とは何度も言われたけど、感謝のコトバなどは数十年ぶり（?）。感動しましたね。

体罰アンケート、そして

ある日の朝、出勤したら、ある男性教師から声をかけられた。「加藤先生、次はA組の授業でしたよね？　私はそのA組の担任ですが、このメモを生徒たちに渡していただけますか」。

もらったメモ三枚には、「〇〇さんへ　一〇時×分に校長室に来て下さい」と書いてある。それぞれ時間帯が違う。教室ですぐに三人に渡した。近くの生徒がのぞき込む。「それなあに？」「うん、多分体罰のことじゃない？」という会話。

数日前、印刷室に落ちていた一枚の紙。拾って何気なく見たら、都教委作成の「体罰に関するアンケート」だった。体罰は絶対許せないけど、このやり方に寒々しさを感じる。こんな形で生徒を呼び出し、校長が聞き出す？　生徒の心に対する配慮はどこにあるの？

廊下を歩くと、尖閣諸島に関する都のポスターが貼ってある。「日本の島を日本の領土だと言う勇気が今、問われています」。

更に、勤務を終えて校門を出てみると、学校のフェンスに大きな横断幕が。

2020年オリンピック・パラリンピックを日本で

時の権力者が、学校に土足でズカズカ入ってきていることを実感する。

英語の歌をとりあげて

私が英語教員室で生徒の提出物をチェックしていると、女性教員が話しかけてくる。「うちの管理職、ひどいのよ。英語の授業で使っている問題集とか副教材、あるでしょ。それを、レベルが低いからもっと程度が高いものを選ぶべきだって、校長が言うの」「えーっ、それってひどいね。だいたい、校長って英語が専門なんですか?」「確か、数学」。

都教委や管理職が、教える教材や中身にまで干渉してきている。今後、「学力スタンダード」なるものが導入され、教科内容への介入が懸念されると聞く。

私が教える内容も指定されたが、それでも、最後の授業だけは好きな教材を使った。取り上げたのは英語の歌で、ジョン・レノンの『イマジン』。まず歌を流す。いつもは集中しない生徒も聞いている。部分的に単語を聞き取らせ、内容を説明。その後「自分なりの訳を書いてごらん」と指示して、歌詞の一部分を訳させた。

最後に、歌の感想を書かせた。「声もステキで好きな曲。私も、国境がなくなって世界が一つになればいいと思う」「日本は二年前に大きな震災があったけど、忘れてきている気がする。だから日本中の人々にこの曲を聴いてもらいたい」。

『イマジン』の歌詞を震災へのメッセージに結びつけるのは、すごいと思う。どんな状況でも、若者の感性や正義感は失われていない。暖かい気持ちで最後の授業を終えた。

6 三〇年ぶりの再会

札幌に単身赴任中のM君は、私が最初に担任した生徒だ。年齢の差は一〇歳。

札幌の飲み屋で教え子と

彼と札幌で会ったのはこの夏のこと。指定された飲み屋を事前にネットで確認し、約束の六時きっかりに入った。日常を離れた場で、しかも昔の教え子と落ちあうというのは、なぜかワクワク感がある。

M君はすでに来ていた。ちょっと髪が薄くなって、横幅が出てきた以外はほとんど変わらない。笑顔で迎えてくれた。

「フツーの生徒」だったM君だが、一つだけ鮮烈な思い出がある。

三年の文化祭で、我がクラスは武田泰淳の『ひかりごけ』を演じた。船員四人が登場するが、M君はその一人に抜擢された。文化祭当日、普段の彼からは想像も出来ない迫真の演技に驚かされた。あの舞台は今でも忘れられない。

卒業後、彼との交流は途絶えた。私の退職直前のクラス会で、彼とほぼ三〇年ぶりに再会した。すでに単身赴任していたM君は「先生、ぜひ札幌で飲みましょう」と誘ってくれた。

今は大手建設会社の部長をしているとか。億単位の見積もりを扱うわけで、気苦労も計り知れない。仕事の話になるとちょっと暗い顔になるが、前に座った彼は、あの頃の人なつっこいM君そのままだった。

マンション改築は八割よ

飲み進むうちに、なぜか参院選の結果の話になった。

「自民党が大勝して、憲法が本当に危なくなったね」と私。そもそも彼がどんな政治的な立場かも知らないのだが。すると意外な言葉が返ってきた。

「私、今の憲法、大好きなんですよ。やっぱ、平和が大切でしょう。アメリカに押しつけられたとかいうけど、いいものはいい。安倍首相は九六条をまず改定するとか言ってるじゃないですか。改正の発議条件を、三分の二から過半数にするって言うんでしょ？　それってておかしいと思う。例えば、マンションの改築ってあるでしょ。うちの会社でも請け負うんだけど、あれって、住人の八割の賛成がないとダメなんです。住人の中には、まだローンが終わってないから賛成できない、とか、年取ったからもうこのままでいい、とか言う人もいるので、八割の賛成をとるのはとっても難しい。マンション改築でもそうなんだから、国の憲法なら、なおさらハードルを高くするのが常識じゃないですか」

涙が出るほど嬉しかった。私は署名用紙を取り出した。

「君が代」大好きだけど

「今、東京では『君が代』を立って歌わないと処分されるんだ。最高裁まで行っているので、ぜひ署名に協力して欲しい」と説明した。

M君の顔が曇った。「え、これ、署名しないとだめですか。いやあ、実は、私、『君が代』大好きなんですよ」。

「うん、その歌が好きな人でも、ムリヤリ歌わせるとか、歌わないと処分、とかいうやり方はおかしいでしょ？　強制反対ということで集めている」

いくつかのやり取りの後、M君は快く署名してくれた。札幌まで来た甲斐があった。

さらにM君は「学生だった頃、ずっと親が不仲で、結局離婚しましてね、自分でもよくぐれなかったと思いますよ……」と苦笑、半生をしみじみ語り始める。初めて聞く話だった。

担任をした生徒と、あるきっかけで再会し、人生を語り合う、これって奇跡だなと思う。M君と三次会まで付き合い、シメとして本場の札幌ラーメンを食す。「元気でね」「またお会いしましょう」。ホテルに着くと一一時を回っていた。

7 同時代を生きる

保護者はとっても苦手です

現役時代、私にとっての一番の苦手は……「保護者」であった。保護者と話すのが大キライ。保護者会の前は胃が痛くなる。

でも、苦手な保護者を相手に、一度だけ奮起（?）したことがある。全日制に勤務していた時の夏休みに、クラスのすべての生徒を対象に、親と一緒に学校に来てもらい、三者面談をした。生徒をより深く知るためであったが、夏休みの半分近くを費やした。その一コマを以下に。

マジメ派生徒の母親は……

Sは〝マジメ派〟の女子生徒。お母さんとやってきた。母親はわりと厚化粧。派手目のネックレス、指輪を身につけている。

開口一番、母親が言う。「私のこと派手だって言うんですよ、この子」。

Sが反論。「だって、学校にピンクの服なんか着てくる親いる？　先生、ピンクだよ！」

（入学式の時の服らしい）

「なによ、ショッキングピンクじゃあるまいし、あれは桜色っていうの」

親子というより友達どうしという感じ。ほほえましい。母親と話すうちに、私と同年齢ということが判明。

「えっ、先生も昭和二五年生まれ？」

「はい」

「あら〜。私たち同学年なんだ」

彼女は少しずつ心を許して、自分史を語り始める。

「あの頃高校に行けるなんて、お嬢さんぐらいでしたよね、先生。あの時はとにかく生きていかなければならなかったんです。そのための手っ取り早い仕事は水商売でした」

結婚も離婚も

母親は中学の時親をなくし、中卒後四年間「水商売」をして一九歳で結婚。しかし、Sが生まれた後に離婚。Sは別れた父の所に何回か遊びに行った。父親は「おまえが結婚する時には『娘よ』を歌ってやる」と約束したという。その父も、約束を果たせないままSが中学に入った頃に他界。

最近、母親が再びある男性と一緒に暮らすようになったとか。

「いや、籍は入れてなかったんですけど、しばらく一緒に暮らしていたんです。でも、最近フラッと出ていって帰ってこないんですよ。まあ、もういいかなと」

Sも〝第二の父〟についてはサバサバしていて「別に帰ってこなくてもいいじゃん」。

母親曰く「もう結婚も離婚もしないつもりです」。

集団就職の時代

「私ね、娘を見ているとイライラすることがあるんですよ。この年になってもまだ将来どうするかわからないなんてね。私がこの子の年にはもう生活費をかせいでいましたからね。

まあ、時代が違うっていえばそれまでだけど。でも、この子の悩みっていったら、成績が上がらないとか順位が下がったとか、そんなぜいたくな悩みだけなんですよ。私から見たら甘っちょろくって……。それでいて別にガムシャラに勉強するわけでもなし、全くいい加減ですよ」

イヤー、恐れ入りました。終わってみれば、一時間半が過ぎていた。

自分史を熱く語ったSの母親。同時代を生きた私はといえば、山形県の豪雪地帯の生まれ。小学生の時上京して現在に至っている。最近、その山形の小学時代の旧友と飲んだ。彼が言う。

「中学三年の時、六クラス中二クラスが『就職組』だった。今じゃ考えられないけどな。オレは、高校進学組のクラスにいたけど、就職組の仲間が、三月に列車に乗って集団就職で東京に行くわけよ。誰に言われたわけでもないけど、みんな駅に集まって見送ったよ」

うーん、そんな時代を生きてきた私たち。そしてSのお母さん。今三人の孫がいる由。どのように生きているのか、ふと思い出す。

8　春の光よ届け

突然、歌が

五〇代の半ば、ある晩私は、ふと妻に向かってつぶやいた。「油切れそう。早めに退職していいかな」。妻は即座に答える。「いいわよ。生活は何とかなるわよ」。ワォ、山内一豊の妻だね。心が軽くなった。

でも、決意できないまま、五七歳で新入生の担任となる。「これが最後の担任か」と、感慨が胸をよぎった。入学式の前日、なぜか突然歌があふれ出た。歌？　いや、ソングではない。「短歌」である。生まれて初めての短歌だ。三一文字に、心に浮かんだことをありったけ詰め込んだ。そうしないではいられない何かがあった。

そして入学式。初めて出会う生徒たち。鋭い目つきで私を見る生徒も。でもこの子らが、自分にとっての最後の生徒たちなんだ。

定時制でやり直さんとする子等の心に春の光よ届け

三十の席の埋まれる教室に三十の人生きらめき光る

初めての退学者

入学後一ヵ月、暴力事件が発生。私のクラスの生徒が別の生徒を公園に呼び出し、そこで「ボコボコにした」という。加害者が学校に残る道を探ったが、職員会議の結論は「退学勧告」。

担任としては彼を何とか学校に残したい。しかし、教職員の合意には従わざるをえない。教員人生で初めて出す退学者だった。

休日の家庭訪問雨の中 退学の宣告に行く我

退学の荷物とともに渡したる入学写真を子はじっと見る

三回目の家庭訪問で、父親は初めて自分を語った。「実は私自身、高校を二度退学しているんです。退学になってもう一度別の高校に入ったけど、結局やめてしまった。だから、息子にだけはどうしても高校を続けて欲しかった……」。最後に、「お世話になりました」とぽつりと言った。私は「携帯の番号は変えません。いつでも電話してください」と気持ちを伝えて家を辞した。その晩、自嘲的に「狂歌もどき」を作って自分を慰めた。

「天職」と言われたときもあったけど転職を今は考えている

今日辞めよう明日こそはと思いつつ気づけば筍の季節も終わる

歌に託したものは

彼らが抱えている現実の重さに向き合う毎日。自分の無力を痛感する日々。だからこそ歌が生まれたのだと思う。歌に凝縮しているのは、生徒の現実であり、彼らの叫びである。歌に託したものは、願いであり、希望である。

中国語タガログ語の飛びかう中「戦争放棄」の説明をする

「憲法って何?」と聞く生徒に言葉なし　机上に授業料免除申請

面談で明るく笑う女生徒の手首を見れば黒い傷あと

登校の常ならぬ子にメール出せば「父の行方を探してる」の文字

自分の歌を読み返せば、生徒の姿が今もよみがえる。途中で去って行った生徒も少なくない。その中でも、「この定時制でよかった」と言い残して巣立った生徒たちを思うと、心が温まる。

四次訴訟のスタート

歌は数ヵ月で終わった。それ以後、生まれることはなかった。三年後、私は定年退職。その直前の卒業式で、私は「君が代」斉唱時に起立せず、処分を受けた。

この三月、「君が代」裁判四次訴訟原告団が結成された。私もその一人である。生徒と教師の心の触れ合いを、もう一度教育現場にとりもどしたい。「春の光」の中で、再び「新学期」がスタートする。

9 消えないきずな

二七歳で……

初めて持った担任クラスに、洋一という生徒がいた。洋一は、清冽な流れのような澄んだ心の持ち主であった。彼は卒業後理系の大学に進み、その後民間企業に就職した。その五年後、洋一は亡くなった。二七歳という若さで。

クラスメートが集まり、追悼文集を作った。私はそこに書いた。

「……洋一は常にクラスの中心にいたが、決してえらぶることがなく、持ち前の明るさとひょうきんさで、周りの雰囲気をなごませていた。初めての担任で彼に出会えたことは、私にとって本当に幸せだった」

ある女子生徒は書いた。「忘れないよ、楽しかったもの。ロケットつくるっていう、人一倍大きな夢持ってたロマンチスト。ずっとそのままでいてほしかったのに！」。

そして二五年後に

私にも多事多難の四、五〇代があった。知らず知らずのうちに、洋一のことは私の心から遠のいていた。私の退職前にクラス会が持たれた時、洋一の親友だった浩に再会した。

「去年も洋一の墓参りに行ってきましたよ」と浩が言う。私は驚いた。

「えっ、もしかして毎年行ってるの？」

「はい。昔はドライブも兼ねて家族で行きましたけど、最近は一人です。良かったら今度ご一緒しませんか」

一〇月の秋晴れの日、浩の車に乗って千葉まで遠出した。広大な敷地に、様々な墓石が並んでいる。洋一の墓の前に二人で立った。浩は、墓石を丁寧に布で拭き、柄杓で水をかけた。好きだったというコーヒーの缶を墓前に置く。線香を焚いて、二人で手を合わせた。彼の死から四半世紀が過ぎていた。

洋一は、自死であった。仕事で精神的に追いつめられ、その結果のことだったと思われる。「カローシ」という言葉が使われ始めた頃であった。純粋な魂が、「成果主義」に蝕まれてボロボロになっていったことを思うと、今でも心が痛む。

浩は今……

浩は今、都内で歯科医を開業している。以前、裁判の署名を頼んだら、快く協力してくれた。彼は昔と変わらない実直さで語る。

「歯科技工士も含めて、全部で五人程のスタッフがいます。以前は、皆で職場旅行もしましたけど、今は患者も減る一方で、旅行どころじゃなくなって……。休診日の木曜日に訪問診療も始めました。歯科技工士は正規で雇っていて、ボーナスも出しますけど、有給休暇を全部取らせてあげられないのが悩みですね。その技工士も回転が速くて、また欠員が出そうなんで、今日このあとハローワークに求人票を出しに行きます。タウン誌に広告出すと七万円かかるけど、ハローワークはタダなので」

歯科医師会の仕事等もあり、夕食をとるのはいつも一〇時過ぎという。綱渡りのような生活の中で、毎年墓参りを欠かさない浩の心の内に思いを馳せた。浩は、何を求めて洋一に会いに行くのだろうか。

浩は物静かな性格だが、高校時代に文化祭実行委員長を務め、一方、洋一はクラスのまとめ役として活躍した。二人の会話は掛け合い漫才のようで、周りをいつもなごませた。

二人のコラボは最高！だった。

バリバリ現役

退職した私は、この学年の生徒たちを、折に触れて思い出す。この洋一の墓参のことを文章にまとめ、自分の近況を添えて生徒たちに書き送った。その「生徒」たちも、もう五〇代半ば、苦労の多い年代だ。

数日して、一人から返事のメールが届いた。

「手紙頂いて懐かしいやら悲しいやら。洋一の笑顔は、私の心の中でバリバリ現役です。ありがとうございます。何か大事なことを思い出したような気がします」

10
地元の酒房のマスターは……

世間の風は……

退職して、近所の人と顔を合わせる機会が増えた。ある日、庭仕事をしている妻に、裏の大工のおじいちゃんが話しかけてきたとか（因みにこの人、「祝日」にはいつも、門前に「日の丸」を掲げている）。

おじいちゃん「ダンナを最近よく見かけるけど、仕事やめたのかね？」

妻「そう、退職したの。（間）今は、お金になることは何もやってないわ（独白〜裁判で忙しいなんて言っても始まらないし）」

おじいちゃん「仕事しなくても食っていけるからいいやな。公務員の年金高いんだろ」

はぁ？　年金なんか支給年齢が遅くなり、更にどんどん目減りしているのに！　健康保険料や諸経費も上がる一方で、晩酌のビールを発泡酒に変えて節約しているのに……うーん、世間の風は冷たいね（苦笑）。でも、いつも笑顔で「こんにちは！」と近所の人にハキハキ挨拶、エライでしょ！

メールも電話も……

妻は毎晩のように長電話。出かけては友人と会い、学習会にサークルにと、忙しい日々。いやはや、人間関係の広いこと。私はといえば、ケータイは持っているが、メールも電話もほとんど来ない。この違いは一体何なの？

そんなある日、地元で気の利いた酒房を見つけた。夫婦で切り盛りしている小さな店で、何回か行くうちにマスターのEさんと気が合うようになった。

台風で屋根が……

そこは開店して二年目。昼の開店時間帯をマチネー、夜をソワレ、と呼んでいる。店内のトイレには「第一楽屋」の表示が。珍しい食材が入った時は「ゲネプロ」と称して実験料理の場となる（ゲネプロ＝本番直前のリハーサル）。それもそのはず、マスターのEさんは舞台（装置）制作が本職だ。その彼がなぜ店を？

「高尾山の麓に住んでいたけど、圏央道ができたでしょ。大蛇のようなコンクリートが聳え立ったわけ。その秋に台風が来た。バリバリとすさまじい音がして家の屋根が吹き飛ばされた。雨で水浸し。その日は知人宅で夜を明かしたよ」

恐ろしい話だ。すぐ裏の森の木々も、家と同じ幅でなぎ倒されたという。圏央道ができたために、知らないうちに「風の道」ができてしまったのだろう。

Eさんは国土交通省にもかけあったがなしのつぶて。圏央道は動植物だけでなく、高尾に住む人間の生活をも直撃したのである。すべてを失った台風の夜のことは、Eさん夫婦にとって深いトラウマだ。

「土地だけは残ったけど、そんな場所じゃ売りようもないからね。あきらめてアパートに引っ越した。気持ちを切り替えようとこの店を始めたわけ。人との触れ合いが一番。どうせやるなら楽しくと思ってね」

黒千代香で焼酎を……

Eさんはバンダナが似合うちょっと渋めの中年男性。仕事柄、各地に知り合いが多く、

この秋は北海道から届いたサンマの料理が続いた。野菜は自分の畑で育てたもの。郷里から送られた玄米を自分で精米して出すという手のかけよう。

常連客も、舞台仲間以外に、花屋のお姉さんとか、ヨガの先生とか多彩。私とは全く違う世界の人たちだが、だからこそ話が魅力的。

ある日「黒千代香《くろじょか》で、焼酎飲んでみない？」と勧められた。芋焼酎を黒い土瓶のような酒器に入れ、直火で暖める。

「へー、これが黒千代香っていうの？」

「うん、鹿児島ではこういう飲み方が普通だって」

舞台の仲間が来て盛り上げてはいるが、客の入りには当然ムラがある。ある晩「こんばんは」と入っていくと夫婦の顔がパッと輝く。「もう店じまいしようかと思ってたの」と奥さん。翌日、Eさんから電話。「保存食をたくさん作ったんで、これからお裾分けを持っていくね」。嬉しいなぁ。

猪瀬元都知事の裏金疑惑が浮上した時、Ｅさん夫婦と「ありえないよね、あんな話！」と盛り上がった。その後の都知事選で、宇都宮さんのチラシを上げたら、じっと見入って「この人の方向で考えている」とつぶやく。嬉しくなって酒量が増えた。

11 三人分の署名

定時制の教え子にUさんという女性がいる。彼女は全日制高校に入学したが、三年の時メンタルな障害のため中退。その後十数年たって、わが夜間定時制の四年生に編入してきた。

父はタクシー運転手

入学時、すでに三〇歳を越えていた彼女は、いつも大きなバッグを背負い、授業では一番前の席にいた。

「自由英作文」を書かせた時、彼女は書いた。

「My father is a taxi driver…（私の父はタクシー運転手です。もう年です。だから私が働いてお金を貯め、父が働かなくてもすむようにしてあげたい）」

父親に対する思いが伝わってくる英文だった。最後の授業では、生徒に英文を書かせて皆の前でスピーチさせた。彼女は「I like Sean Connery…（私はショーン・コネリーの大ファンです。彼はスコットランドの独立運動に加わり……）」とスピーチした後、「ドキドキしました」と、汗を拭きながら席に戻った。

一年だけの在籍だったがUさんは皆勤で卒業した。その後は定職に就けず、カウンセリングを受けながら治療を続けた。

定時制に救われた

二〇〇〇年代の初め、都立定時制高校の大規模な統廃合が強行され、私の勤務校も対象となった。私は統廃合反対のチラシを、すでに卒業していたUさんに郵送。すぐ返事が来た。

「定時制廃止反対のビラを寒いのに駅前でお配りになったとのこと、感動しました。私は、定時制はすごく大切だと実感しています。都知事は何を考えているのでしょうか。家が貧しくて昼間働いている高校生、受験に失敗した人、ひきこもりの人、中退の人、の唯一の望みは定時制です。人生に挫折した人たちの寄る辺が定時制です。私は定時制に救われました。今、定時制がつぶされ、入学できない人たちがいると知って、済まないような気がします。家の事情で働きながら高校卒業の資格を取りたい人にとっては死活問題です。人生をやり直したい若い人にとってはなおさらです……」

Uさんの心の底からの叫びであった。

社会との接点を求めて

それがきっかけで、Uさんは私に手紙をくれるようになった。内容は英語の質問。Uさんは英語や洋画に興味を持っていた。

曰く「かに座のCancerと『癌』のcancerは関係あるのですか」「靴幅のサイズのEは何かの頭文字ですか」「アメリカで女性大統領が実現したらその夫はFirst Gentlemanと呼ばれるのですか」「youの単数形と複数形が同じなのはなぜ?」「映画『カサブランカ』のHere's looking at you, kid. は何故『君の瞳に乾杯』と訳すのですか」などなど（いやぁ、ハイレベル!）。

以来、Uさんと私の「英語文通」が続くことになる。人間関係が苦手な彼女にとって、この文通は「社会との接点」でもあったのだろう。マニアックな質問もあるが、私はそれに答えながら、社会的な問題、最近では原発の問題にも触れた。

文通が始まって一〇年、数十通の「質問」と「回答」が交わされた。しかしそれも、ある年の夏で突然断たれた。Uさんが急逝したのである。四〇代半ばという若さであった。

最後の手紙と署名

亡くなる少し前、私はUさんに「君が代」裁判の最高裁要請署名用紙を送った。

その署名用紙の裏に、『君が代』斉唱時に生徒がトイレに行かないようオムツをつけさせろ、との都教委の命令は人権蹂躙」という、特別支援学校の原告の陳述文が載っていた。それを読んだ彼女は、次のような返事をくれた。

「そのお話、酷いですね！　何故そこまでするのでしょうか？　強制反対の署名、私と両親の三人だけですが、送らせてもらいました」

Uさんのその手紙が最後となった。ずしりと重い三人分の署名が手元に残った。

彼女の墓は私の近所の寺にある。今、戦争か平和かの岐路に立つ日本……彼女は今でも私の心に生きている。

12 シールズとの対話

「安倍首相、私たちの声が聞こえていますか。自由と民主主義を求める人たちの声が聞こえていますか」

二〇一五年八月三〇日、国会前。一二万人が集まった戦争法案の廃案を求める大集会で、シールズの学生の声が響く。彼女の訴えは議事堂を揺るがし、参加者の魂にしみわたる。

おにぎり一〇〇個作って

私が参加している「西八王子9条の会」が、九月二〇日に集まりを持った。参院で戦争法案が強行採決された次の日だ。シールズ系の若者三人に来てもらった。三人とも二〇代の女性。このうち二人は、妻が教えていた専門学校の学生である。

まずはマスミさんが口火を切る。「私、直接のシールズじゃないけど、高校の先輩にシールズ、多いんです。この間も電車で吊り広告見てたら、一年上のOさんが出ていて、えっ、Oさんてこんなに有名になっちゃったんだって思って」と笑う。全くフツーの女子学生だ。

「でも、以前サスプルって言ってた時から、私も東北の震災のボランティアに参加したり、国会のデモにも参加したりしてた。あの頃、デモの参加は少数だったけど、そのあとアフターパーティーってやるんですよ。勉強も兼ねた食事会みたいな。ケイタリングも自分たちで。私、栄養士を目指しているから、Oさんに『マスミ、お願いできる?』とか言われて、おにぎりを一〇〇個も作ったりして。みんな学生だからお金がない。バイトで貯めたお金を持ち寄ってやりくりしてた」

言葉は公のもの

そのシールズの活動から、マスミさんは今、ちょっと距離を置いているという。

「シールズって一人ひとり違うのに、くくって見られるのが悔しい。それとデモの場面で言葉が感情的になるのがイヤ。言葉は発した瞬間に公のものになる。だから大切にしたい。

私たちの言葉は、自民党の議員に聞こえてはいるだろうけど、心に届いていない。どうアピールすればいいのか考える。戦争法案は採決されたけど、これからも的確に語ろうと思う。シールズは若者が政治的に目覚めるきっかけを作ったことは事実。自分たちももっと勉強しないとね」

マスミさんは、いろいろと悩みながらも、シールズの人たちとの関係を続けている。私は聞いてみた。

「マスミさんにとっての高校ってどんな意味が?」

生きる力を育てる

マスミさんの顔が明るくなる。「私の学校は山の上にあって駅から歩いて九〇分、近くのコンビニまで四〇分」と言って笑う。

「全寮制で食事も自分たちが作る。菜園、製パン、養鶏など、班に分かれて生徒が作業。なんていうか、受験用の学力とかじゃなく、生きる力を育てる環境があったと思う。『日本の戦争責任を考える講座』などもあったし」

福島が故郷というアイリさんも口を開く。

「実家は今も避難地域で、帰れない。住めなくて悲しいというより、国によって暴力を受けている感じ。僕は君を守るよ、とか言いつつ、ボカッと殴るみたいな。そう、安倍首相はＤＶ男みたいな存在だと思う。これで強行採決なんて……もう骨がボキッと折れた感じ」

うむ、重い言葉だね。三人目のキョウコさんが言う。

「でも、今、一人ひとりが国を作るんだっていう意識が生まれているんじゃないかな。選挙の重みをすごく感じる。自民を選んだのは国民でしょ、と言われないように」

民主主義は止まらない

私自身もこの間、さまざまな集会に出る中で、若い人の息吹を感じる。コールにもやっとついていけるようになった。

若いコーラーが叫ぶ。「民主主義ってなんだ！」。はあ、これ、なんて返せばいいの？　そのうち知った。「これだ！」と返すことを。また叫ぶ。「とりま、廃案！」。何それ？「とりあえずまあ、廃案」の意味とか。

九月一九日午前四時。国会正門前。女子学生の訴えが夜明け前の空にこだまする。

「この法案が通って死ぬのは民主主義ではなく、現政権とその独裁政治です。民主主義は止まらない」

13
夜間定時制の奇跡

はあ？　また都立定時制四校の廃校を検討中？　ありえないでしょ！　だいたいね、以前は一〇〇校以上あった夜間定時制が、今や半分以下になっているじゃないですか。八王子なんか、四つの定時制が全部つぶされた。だから行くところがなくて、立川に押し寄せる。立川定時制は今や八王子から来ている生徒が一番多いって。しかも定員オーバーの満杯状態。

なのに、立川定時制も廃校の対象？　じゃ、八王子の子も立川の子も、一体どこに行けばいいわけ？　立川定時制のＰＴＡや同窓会、卒業生、生徒が「私たちの学校をつぶさないで」と訴えている。教育委員の皆さん、この声が聞こえないの？

不登校から引きこもりへ

夜間定時制で最後の担任をしたクラスに、薫さんがいた。中学に入学後、教室で何回もイジメを受けた。我慢しきれず自分の机をひっくり返して学校を飛び出し、それ以降、最後まで中学校には行かなかったそうだ。引きこもり状態で、外に出るのは姉と一緒にコンビニに行く時だけだった由。「T定時制はイジメがない」という噂を聞いて、彼女は自転車で通えるわが定時制に入学してきた。

薫さんとの最初の面談にて。私「連休中どうするの？」。

「えっ、五月に連休ってあるんですか？」

「え、知らないの？　ゴールデン・ウィークって言うでしょ」

「何それ？」

いやあ、ぶっ飛びましたね。薫さん曰く「私、ずっと引きこもりで、一年のどこに休日があるかも知らないんです……」。

この定時制がなかったら

でも、真面目で休まないから、成績は良い。試験前は友達と必死で勉強。成績はオール

5。三年生の時は生徒会にまで立候補。夜間定時制って、こういう奇跡がおきるんですよね。


薫さんに聞いてみた。「高校に来て何が一番よかった?」。

「本当に勉強できたことです。中学の時は勉強したくても学校に行けなかった。今はいろんなことがわかって、すごく嬉しい。友達もできたし」

「今、定時制がつぶされて、入れない子も出ているよね」

「私みたいな不登校の生徒はいつでもいると思うんです。定時制がないと困ります。私、T定に入れなかったら、立ち上がれなかったと思う」

途中で担任降りるけど

私には心残りの事があった。定時制は四年まであるけど、彼らの三年終了時に私は定年退職を迎える。だから最後まで担任ができない。そのことを率直に書き、三年の夏休みにクラス全員に暑中見舞を出した。夏休み明け、薫さんが暗い顔で来て「先生、話があるんですが」と切り出した。

「仲良しのミエさんも来年の三月でいなくなっちゃうんです。その上に担任の先生まで代わったら、私、最後の一年どうすればいいんですか」。ミエさんは薫さんの親友で、資格試験を受けて多めに単位を取り、三年で卒業予定だった。

私は、今がその時と思って、彼女の目を見てキッパリ言いましたね。「不安な気持ちはわかるけど、また新しい出会いがあるよ。自分で人生を切り開いて欲しい。今の君ならそれができるはずだよ」。

沈黙の後、彼女は、ほんの少しだけうなずいた。

壁を乗り越える

私は三・一一大震災の直後に退職。四年生になった薫さんにメールを出した。「どうしてる?」って。「ありがとうございます。元気でやってます」との返事。ホッ! 秋には彼女から「専門学校に合格しました」という嬉しいメールも。

三月の卒業式には私も出席した。そこには、皆勤で卒業を迎えた、晴れやかなスーツ姿の薫さんがいた。彼女は一つの壁を越えた。これからも乗り越えてほしいと心から願う。

新年早々の立川駅南口で、「立川定時制の廃校に反対する会」の呼びかけに応え、立定

ＰＴＡや同窓会、元教職員らが何と五〇人も集まって宣伝活動。一時間で二百筆の署名を集めた。子どもを抱いてマイクを持った卒業生が訴える。「思い出がいっぱい詰まった私の母校をつぶさないでください」。この思いよ、届け、教育委員会に！

14 ミカと過ごした一〇九五日

タバコぐらい……

ミカは二年遅れで定時制に入学してきた。警察につかまったこともある猛者だ。二歳上だから男の悪ガキ連中も「ミカさん、〇〇ですか」と敬語を使う。

学校と教師への不信感は強かった。入学直後、正門前でミカがタバコを吸っていた。注意すると「仕事きつくてイライラするからさ。いいじゃん、教室で吸ってるわけでもないしさぁ」と悪びれない。ガソリンスタンドの仕事もあり、欠席がかさみ、進級が危うくなった。「仕事より授業を優先してほしい」と言うと、ミカは「この世の中、金だよ。仕事はやめない。ダブったら（留年したら）学校やめる」。ミカは母と妹、弟の四人で、生活保護を受けながら寄り添うように生きていた。

一年の終わり頃、ミカから留守電が入った。「話があるのでまた電話します」。改まったその言い方に、何かあるなと直感。二度目の電話で「中絶手術を受ける。翌日から登校する」と言う。仰天！　ゆっくり休むよう説得し、一方で診断書を取り寄せ、職員会議で「特別事情」を認めてくれるよう必死で訴えた。ミカは進級が認められた。「進級できたよ」とミカに連絡すると「マジ?」との反応。えっ、それだけかよ……。しかし、その頃から、教師に対する不信感が薄らいでくる。

翌年の二月一四日、ミカが突然やって来て「先生、これ、チョコレート。豪華なお返し期待してるね」と紙袋を渡して去っていった。

いい飲み屋探しといて

沖縄修学旅行が近づいた。ミカが「先生、下見行くの?　じゃ、いい飲み屋を探しといてよ」とのたまう!

修学旅行の初日、まずはひめゆり語り部の方の講話。Tさんという八〇代の女性であった。一〇代での沖縄戦の体験を、心を込めて語ってくださった。

次の日はひめゆり資料館へ。最後に入った私の前にミカがいた。彼女はゆっくりと資料を眺めている。「ひめゆり学徒隊」二四〇人の写真が展示してある。ある女子生徒の写真の下に、昨日の講話のTさんの名前があった。「あ、面影があるね」とミカ。私が「一九歳だったんだ……」とつぶやくと、ミカもじっと見つめて言う。「私と同じ年だね」。

ミカと私は、集団の最後に資料館を出た。何かが彼女の心に残ったのは確かだ。

ノリで入学した

教員として過ごす最後の三学期、「弁論大会」という行事が控えていた。各クラスから弁士を選出するのだが、皆の前でスピーチなど誰も引いてしまう。ミカに振ってみたら「やってもいいよ」という返事。ミカが神々しく?見えた。

当日、全校生徒がホールに集まった。弁士は全員演壇の横に陣取って、原稿に目をやり最終チェック。ミカは……手鏡を持って化粧に余念がなかった。

悪ガキたちの声援の中、ミカが壇上で話し始める。

「私はこの定時制に二年遅れて入学しました。友達が入ると言ったので、いわゆる『ノリ』という形でした。初めは自分でも続かないと思っていたし、実際に何度もやめたいと思い、先生に相談もしました。―中略―　何があっても見捨てないでくれた加藤先生、教員生活残り少ないけど、私の中ではいつまでたっても恩師です……」

聞いていて涙が出そうだった。

自分に正直に

ミカは続ける。

「私の人生のモットーは、自分に正直に生きろ、です。批判されても、自分でよく考えて出した答ならそれで良い。私はそう考えてこれからも生きていきたい……」

大きな拍手が彼女を包んだ。

その三月に私は退職、ミカは四年に進級した。そして一年後、私も卒業式に出席。なんと！　ミカが卒業生を代表して答辞を読んだ。


それから数年後の四月二日、夜間定時制廃校反対の集会が都心で開かれた。ミカを誘ったら二つ返事で来てくれた。きっぷの良さは変わらない。

「コトバ悪いけどあぶれて、定時制に行きついて、そこで救われた」と、二五歳のミカがリアルに体験を語る。年配者の多い会場に、暖かい空気が広がった。

集会後、ミカの希望で焼肉屋へ直行。嬉しいね、六〇代と二〇代が人生を語り合う至福の時。

15 もう一度、ミカのこと

定時制で大きく成長して卒業したミカのことを前回書いた。そのミカが今年、四月二日の定時制集会に来て次のように発言した。

定時制で救われた

「定時制に入った頃は勉強もしないで、授業中化粧していました。いつ学校をやめようかと思っていました。でも仲間が支えてくれた。定時制は人数が少ないから深い交流ができる。担任の先生からは『今日は遅刻するな』とか毎日メール来るし、校長先生も声かけてくれるんです。定時制は、全日に比べて信頼関係が強い感じがします」

ミカは続ける。

「四年間通えたってことが、すごく自信になってます。私は定時制で救われた。私みたいな人間がいるのだから、定時制をなくさないで。学ぶ権利を奪わないでください」

二〇歳まで保護観察

終了後、焼肉を食べながらミカと話した。初めて聞く話も多かった。

ミカは最初、私立の全日制に通っていた。その時事件を起こして警察に捕まったという。

「何をして捕まったの?」と聞くと「傷害と暴行」とさらりと答える。

「鑑別に入ったの?」

「審判の時、裁判官が、あなたには鑑別所に行ってもらう、って言うの。女の裁判官だった。その時私、学校に戻りたいって大泣きしたの。ホントは好きな男の子がいて、その子と会えなくなるのが悲しかったからだけど。そしたら同情したのか保護観察になった」

でもそのあと万引きで捕まり、その他の「累犯」もあって、結局二〇歳まで保護観察が長引いた。

自分はこれでいい

話は家族のことに及ぶ。

「小学校あたりから両親が仲悪くてさ、母親が『別れてもいい？』って私に聞くの。私には弟と妹がいたけど、一番年上の私の了解を取りたかったんだと思う。でも私、離婚していいとは言わなかった。私もまだ小さかったし、両親が別れるのは嫌だった。でも、私立の高校に入って間もなく、家に帰ったら父親がいなくなっていた」

母親一人で三人の子どもを育てることになる。結局生活保護を受けた。

「どんな親だったのかな」と私。

「まあ、フツーでしょ。でもね、親としては認めるけど、人間としてはキライ。小さいころから父も母も私を責めた。逃げ道がなかった」

「責めるって、どんな風に？」

「近所の○○ちゃんはちゃんとできるのに、何であなたはできないの？　とか言っていつも責められた。だからいつも劣等感のかたまりで、自己肯定感を持てないできた。そのうち親が離婚しちゃってさらに気分が落ち込んだ。でも、定時制を卒業してやっと自分に自信が持てた。自分はこれでいいんだと思えるようになった」

一人でトラック運転

卒業後、推薦で短大へ進む。多摩地区から都心の短大まで、満員電車に乗って二年間通った。

「マジきつかった。授業も厳しいし。でも、ちゃんと卒業できたもん」と言って笑う。自信が生きる力につながっていると感じる。

しかし、苦労して短大を卒業しても非正規労働が続く。彼女だけでなく、今の若者をとりまく厳しい現状だ。ミカは一時期、宅配の仕事をしていたという。

「勤務は九時からなのに八時半に来いって言われる。その三〇分は給料が出ない。一人でトラック運転して日に六〇件近く届けた。客には『遅い』とか文句言われてね。中には優しい人もいたけど。終わると夜七時。給料はそこそこだけど、きつくてやめた」

今はガソリンスタンドとレストランのアルバイトを兼ねている。「派遣法」改悪や「ブラック企業」横行の中、生きるって苦しい、そう思わせる実態がある。

「先生、今日はごちそうさま」。久々に見るミカの笑顔だった。

参議院選挙の直前に、ミカを含む元ヤンキー何人かにメールを送った。「七月一〇日はぜひ投票に行ってね。主権者は君たちだから」。

誰からも返信はなかった。彼らの過酷な労働実態。この、分厚い扉のこじ開け方を考える。

16 定時制に乾杯！　嵐の中の「納涼のゆうべ」

講談にしびれた日

それは去年の九月初旬、戦争法強行直前のことだった。妻と一緒に三鷹まで講談を聞きに行った。講談師は田辺凌鶴。始めて聞く名だ。聞いているうちに……しびれた。涙が出そうであった。

演題は「八三歳の女子高生」。夜間定時制に入学し野球部で活躍する女性のドラマである。その日は講談中に雷が鳴り、雨が激しく叩きつけた。会場の中と外が、ドラマチックに呼応した。

妻の一言で始まった

その年の暮れ、都立四校の夜間定時制廃校問題が浮上した。私は教員ＯＢとして、市民の方々と共に駅頭に立ち、廃校反対を訴えた。

立春の頃、ふと妻が言う。

「凌鶴さんのあの講談を聞いてもらって、夜間定時制を語り合う集会ができないかしら。そのアイデア、もらった！　まずは凌鶴さんのＯＫを取らなくちゃ。彼の連絡先を探り、手紙を書いた。

「廃校反対の運動をしている者です。定時制関係者に集まってもらい、『定時制はこんな素晴らしいところ』と語り合いながら、その中で凌鶴さんのこの講談を聞ければサイコー、と思っているのですが……」

なかなか返事は来なかった。なぜ？　新作講談は究極の自己表現。大切なのは彼の気持ちだ、と思い至った。文面を改めて再度手紙を書いた……すると来たーっ、承諾の返事が！　三月末のことだった。

友人や教え子の力も借りながら、手作りで準備を進めた。集会は八月三〇日の夕方に設定。「定時制を語り合う納涼のゆうべ」と銘打った。

希さんとの出会い

今年の一月、立川駅で市民数十人が廃校反対の訴え。そこで女性がマイクを持った。小さなお子さんを胸に抱いて。彼女の透る声が駅前に響き渡る。

「思い出がいっぱい詰まった私の母校をつぶさないでください！」

それが希《のぞみ》さんとの出会いであった。彼女は立川定時制の卒業生。

「希さん、今は何を？」

「イベントやワークショップで、シンガーやダンサーを」

「すごいね」

「納涼のゆうべ」に彼女の歌とトークを入れることを考えつき、希さんに振ってみた。答えはOK。やったね！　凌鶴さんは立川全の卒業、希さんは立川定の卒業、私も立定のOB。三拍子そろいました（笑）。

当日に台風が！

会場は落語や講談向きの小劇場。舞台責任者との打ち合わせでは「講談がメインじゃやないんですか？　歌も入るの……交流会も？　一体趣旨は何ですか」と呆れられた。でもその彼も最後には、音響・照明など、私たちの要求通りにしてくれた。職人肌の彼には感謝。当日の二日前に、台風一〇号が関東を直撃か、の予報。当日の昼すぎまで嵐が荒れ狂ったが、夕方の開会時刻には雨も止んだ。

開場。受付には若い友人のアイリさんとマスミさんが立ってくれた。昔の同僚、保護者、教え子などの懐かしい顔が「東京新聞見たよ！」等と言いながら次々と入って来る。ロビーで話がはずんだ。東京新聞や朝日新聞系のタウン紙 asacoco には、事前に取材を受けていた。

五時半に開始のブザー。司会の私は舞台に立った。

日本平での決勝戦

今までの経過を説明してから、私は述べた。

「定時制の生徒たちは、重いものを背負いながらも、前向きに生きています。その姿に、私たち教師は励まされてきました。本日の企画は、その生徒たちへのささやかなお返しでもあります」

客席の照明が落ちた。ライトを浴びてウクレレを持った希さん登場。澄んだ歌声が染み入る。彼女は語る。

「私、立高定時制で、サッカー部のマネージャーをしていたんですけど、ある年に偶然上手な生徒が集まって、何と全国大会に出たんです。もう大興奮ですよ。普段まとまりのない生徒たちが、勝ち進むごとに夜ミーティングをして、ケンカしながら次の試合の作戦を練る。ついに決勝戦まで行っちゃった！　私、ミニスカートでベンチ入り。決勝戦は静岡の日本平という、Jリーグが使うすごい立派な芝のスタジアムで行われたんですが……結果は準優勝。でも、いつも優しく見守る顧問の先生のもと、個性豊かな生徒たちが力を合わせたから決勝まで行けたんです」

　彼女は締めくくった。

「立定は、ダメマネージャーの私が決勝戦まで行けた所、また歌手人生がスタートした所。すごくいい思い出です。だからその母校をなくさないでという運動が、今でも続いているのだと思います」

　うーん、いいねえ。希さんの気持ちがガンガン響いてきたよ。最後に歌ったオリジナル、Shining Days も印象的。

講談に、泣いて笑って

田辺凌鶴さんが拍手を受けて登場。講談が始まった。彼は「前ふり」として、高校時代の思い出を語る。

「私は全日制でしたが、定時制と教室を共用しているわけで、何とある日、私の机の中に、定時制の女子生徒からの手紙が入っていたんです」

皆さんの興味深そうな顔。

「それがきっかけで彼女との文通が始まり、『今日はこんなことがあった』というような他愛もないやり取りが続きました。そのうち『一度会いましょうか』との話になり、立川のオリオン書房で待ち合わせたんです。初めて顔を合わせた彼女は、一瞬ガッカリした表情に見えました。でもそのあと、近くの『白十字』という喫茶店で楽しく話がはずみました。残念ながら恋愛関係には発展しませんでしたが、本当に懐かしい思い出です」

温かい笑いが会場に広がる。そして本番の講談が始まった。詳細は省くが、「八三歳の女子高生」であるチエさんに、野球部関係者が（チエさんの固辞にもめげず）入部を勧めるくだりが泣かせる。

「世の中がドラフト会議の結果に沸くある日、放課後掃除をしていたチエさんの前に現れたのは、野球部監督、キャプテンなど四人でありました。『チエさん、お話があります』『え、何?・』『我々野球部は、チエさんをドラフト一位に指名しまーす』。差し出されたユニフォーム、縦のストライプが入り、胸にはローマ字で高校名がくっきりと。チエさんがそれに袖を通して帽子をかぶる。監督が促す。『チエさん、何かヒトコト』『ハイ、頑張りまーす』」

野球部入りしたチエさんを、さらなるドラマが待っていた……。講談終了後、共感と感動の拍手が長く続いた。司会の私は「この講談には夜間定時制のエッセンスが全て詰め込まれています」とコメントした。

思いがひとつに

残りの時間で参加者の交流をした。定時制卒業生や凌鶴さんの高校時の担任、私たちの教え子などがマイクを持ったが、その中で、元同僚のHさんが発言した。

「私は教員ではなく、定時制の職場で用務職員でした。生徒は憎まれ口もきくけれど、気持ちが通じれば変わります……。ある年は出産ラッシュでした。用務室に駆け込んできて『ゴメン、おばちゃん。今日テスト受けないと留年かもしれないの。この子預かってくれる？』って言う女生徒もいました。私が放課後までオシメ替えたりミルクあげたり……。そういう生徒が最後は晴れやかな顔で卒業していく。今現場では用務職員がどんどん民間委託され、残念……。この廃校反対の署名、持ち帰って集めまくります」

彼女は帰りに乗ったタクシーの運転手にも署名を頼んだと、あとで聞いた。

人のこころがいっぱい詰まった集会であった。寄せられた感想文の一つ。

「この集いに参加する私に、娘が言いました。『定時制がなかったら私の人生なかったね』と。娘はイジメにあい不登校に。半年間部屋に閉じこもり顔を見ることもなかった。ある日『お父さん、高校に行きたい』。それで定時制に行くことに。今は同級生と結婚して子どもが三人。学ぶ場所があったからこそ、そこで仲間ができたからこそです。どんな人にも学ぶ機会は必要です。頑張ってください。私も協力します」

17 オヤジもつらいよ──卒業生との「交換書簡」から

教え子はもう父親

H高校全日制の教え子Sと二十数年ぶりに会ったのはクラス会だった。在学中、「裏の世界」に通じている印象はあったが、担任に世話をかけることもなく卒業し、すぐに就職した。その後ほとんど音沙汰がなかったS。だから正直、印象は薄い。クラス会でたまたま席が隣になり、彼の息子の話になる。

「家に帰るのが嫌で、駐車場とかで時間をつぶしてから帰るんすよ」と言う。

「え、何で?」

「高校生の息子とうまくいかなくて」

そして私とSは、周りがワイワイ騒いでいるのをよそに「深い話」に入っていく。

数日後、Sから長い手紙が送られてきた。以下引用。

息子が私立高校へ

「長男は現在、私立高校の一年生です。小さい頃から勉強・スポーツ共に良くできる子でした（親バカです）。中学ではバスケット部の副部長で、都大会まで進出しました。息子は部活でいろいろな学校に招待され、その中で気に入った今の私立を選びました（入学金は高く、薄給の身にはこたえましたが）。スポーツ推薦のお話しもいただきましたが、怪我した時を考慮し通常受験で入学しました。

しかし、高校のバスケット部では、先輩に気に入られていないらしく、本人も悩んでいました。顧問の指導にもズレを感じていたようです。中三の頃より反抗期を迎え、たまに親との衝突はありましたが、当然の成長過程と諦めていました。受験でイライラするのも当然であろうと。しかし、部活の悩みもあったのでしょう、高校に入っても、態度は改善されませんでした」

何様のつもり？

「ある夜、夫婦間で些細な喧嘩がありました。酒も入っていたため、妻をなじった勢いで小学生の次男をどなり、おさまらない私は、部屋で勉強していた長男を罵倒しました。何も関係ないのに……。

『好き勝手ばかりやりやがって、お前は何様だ。誰のおかげで私立高校に行けると思ってる。わがままやりたいなら、自分で学費をかせいでみろ。もうお前の顔なんか見たくもねえ。完全訣別だ』という内容です。長男は涙を浮かべておりました。

妻の話ですと、次の日顧問に泣いて退部を訴えたようです。一旦休部扱いとなったとか。そんな中クラス会の知らせを受け、正直迷いましたが参加しました。皆の元気な姿や、先生のカワッテネー（失礼）姿に接し、感慨深いことでした」

声も聞きたくない

「クラス会の翌日、決心しました。頭は下げたくないが、現状打破しようと。夜、長男の部屋をノックし、『少し話したいんだけど』と言いました。返ってきたコトバは『声も聞きたくない』。寂しさがこみ上げました。後で妻から聞いた話では、『オレには父親なんかいない』と言っていたそうです。

数日後、長男は正式に退部したと妻から聞きました。クラブをやめなければ修復の余地もあったかも知れませんが、これで一生埋まらぬ溝ができてしまいました。

私なりに本当に息子と向き合ってきました。人から過保護と言われる位に接してきました。高校生になっても趣味の釣りに二人で行きました。あれだけ溺愛していた息子の顔も、二ヵ月見ておりません。一つ屋根の下なのに……。

もう私から息子に話しかけようとは思いません。一体何が解決してくれるのでしょう？しばらく現状維持しかないですね。私は高卒で、万年係長ですが、社会に揉まれてきましたので乗り越えていきます。基本、楽天家ですから凹んでも沈むことはありません。退職して暇をもてあましている先生に（冗談です）読んでいただければ幸いです」

心のメッセージを

以上が教え子のSからの手紙だった。私は何度も読み返し、それこそその手紙に「向き合って」、心を込めて返事を書いた。

「お手紙ありがとう。こういう問題に『素晴らしい解決方法』はありません。三八年の教師生活で、今まで気持ちが通じ合っていたと思う生徒が突然顔をそむける、ということは何度もありました。ちょっとした激しい言葉、例えば『ふざけんじゃないよ』『何回言えば分かるんだ』というようなコトバが生徒を突き刺し、全く心を開かなくなるのです。でも、教師も人間、生徒が荒れている時はこちらもコトバがきつくなる。

さあ、心を開かなくなった場合どうするか。まあ、じっと待ちましたね。『おまえのことは心配している、見捨てていない』というメッセージを送り続けます。それはコトバで言ってもウソっぽい。そもそもコトバで伝えても受けつけない。だから、じっとガマンし、その子に心のメッセージを送り続けるのです。

最後には時間が解決してくれます。生徒だって教師が必要なときが必ず来る。そういうとき、再び関係を築いていくしかない」

待つことに耐える

「自分の子どもの場合はちょっと違う。四六時中同じ屋根の下にいるわけで、本当に辛いでしょうね。君の手紙に『本当に子どもと向き合ってきました……高校生になっても趣味の釣りに二人で行きました』とありました。素晴らしい。それは絶対息子さんに伝わっています。自分を責めるのはやめること。君の今までの愛情や気持ちが、息子さんの中で消えてしまうことはありません。

それと、この事態の根本原因はいったい何だったのかと、私なりに文面から考えてみました。息子さんの生きがいであったバスケット、しかし、あこがれの高校の部活に入ったものの、人間関係で悩み、顧問の方針にも疑問を持ち、もんもんと悩んでいた、ということではないでしょうか。そのへんはじっくり話を聞いてあげるしかないですね。でも、自分の道は、最終的には自分で判断するしかありません。いろんな挫折があっても、若いからまた新たなものを見つけていきます。そこに、君なりお母さんなりが寄り添うことです。

辛いと思いますが、待ってください。いつかまた変化が現れます。その時こそ君の出番でしょう」

手紙はお守りです

私が手紙を出した数日後、教え子のSから更なる返事が送られて来た。

「先生からのお手紙拝読させていただきました。正直、読む前は怖かったです。怒られるか、さらなるダメ出しを頂くか……覚悟して封を切りました。

『時間が解決してくれる』……もしや一生？　と危惧していた私にとって、どれだけ救われた文でしょう。『子どもは過去を忘れたりしない』……子育てには向き合ってきたし、言葉はかわせなくとも、この先もあの子を見守ってあげようという信念を回復できました。

頂いた手紙は感情の高ぶりを抑えるお守りです」

怒り方がブレた

その後しばらく手紙のやり取りが途絶えた。二ヵ月ほどたった新年早々、Ｓから突然のメールが入った。

「夜遅く帰った長男に対して、妻が『いつまでお父さんとこんな関係続けるの！』と激しく怒ったそうです。その会話の中で、もしお父さんが謝れば、という話に発展したとか。

妻からその話を聞いた日の夜、ほろ酔い加減の私は、迷った末に『素直に謝ろう』と思い、まだ帰っていない息子にメールしました。『怒り方がブレた。お前の夢を奪ってしまった。本当にゴメン』と。すぐに息子から返信が来ました。『オレの方こそわがまま言い過ぎました。ごめんなさい』

正直涙が止まりませんでした。まさかこんなに早く、突然に和解できるなんて。やっと四ヵ月ぶりに顔が見られる。本当に長かった。

息子の帰宅後、二人で妻に今までの迷惑を詫びました。失われた時間分、釣りに行こう、と息子が言ってくれました。もう二度と家族を手放すような事はしません。先生、本当にありがとうございました」

よかったね！

Ｓのメールに対して、私は以下のように返信した。

「息子さんとの和解、おめでとう。息子さんは、最後は心を開いてくれた。君が、言葉には出さなくても、とにかく心を息子さんに向けたことが大きかったと思います。本当によかった！　ではまたクラス会で会いましょう」

18

これが私——自分探しの長い旅

レイさんは二六歳の女性だ。彼女は、ある市民向け講座に参加したときに私の妻と知り合った（共に「女性学」を学んだ）。母娘以上の年齢の差があるのに意気投合し、レイさんは我が家に出入りするようになった。ある日の持ち寄り「ランチ女子会」に、「男子」の私も加わって、彼女の話を聞いた。

「タラコ」にしておけ

「私の両親は、Ｒ県の田舎町で獣医を開業しています。父も母も代々獣医の家系でね、私は最初から獣医を継ぐことを期待されていた。生まれたのが女の子とわかると、祖父は『タラコとでも名前を付けておけ』と言って、私の顔も見なかったたって」

レイさんの「生まれ出づる悩み」が始まった。彼女は言う。

「小さいころから世間体を気にする親と祖父母の下で『〇〇家の立派な長女』であることを求められてきた。自分も精一杯〝いい子〟を演じて来た」

レイさんが中学生になると、一族からの重圧がさらに……。

「全学年で八〇人くらいしかいない田舎の中学なのに、テストの結果の上位四〇人くらいが貼り出されるの。そこで私はトップだった」

「両親は喜んだ？」と私が聞くと、

「喜ばないんです。むしろプレッシャーをかけて来た。『次のテストでも一番にならなかったら、私、恥ずかしくて外を歩けない』って母が言うの。祖母もね」

母親の介入は続く。

「私のケータイをこっそりチェックしていた。しかも、私の友人からのメールに勝手に返信しちゃうの。信じられないでしょ！　でも母は、私のリストカットを知らなかった」

リストカットと拒食

過度のストレスの中、レイさんはリストカットだけでなく、拒食と過食を繰り返す。彼女は振り返って言う。

「拒食をしている時だけは自分に自信を持てた。体重だけは自分の意志でコントロールできたから」

高校入試の時、彼女は地元に近いB高校を選んだ、いや、親が選んだ。

「B高は男子系の伝統校でね、地元では、どこの大学を卒業したかよりも、B高卒かどうかが天国と地獄の分かれ目なの。だから母は『B高に入れなかったら引っ越す』って言ってた」

レイさんがB高に合格したので、引っ越さなくてすんだ。でも、高校には自由があるはず、との仄かな期待は打ち砕かれた。

「上級生が新入生を全員放課後残して、昔から伝わる『B高応援歌』を刷り込むの。暗記して大声で歌えるまで。ビンタはないけどまるで軍隊みたい。共学にはなっていたけど男の世界ね。最初は反発していた男子が、最後は感極まって泣いたりするのを見て、わっ、キモーイって思った」

自分を見いだせないまま卒業して東京の大学へ。「家を出られたのが一番うれしかった」とレイさんは言う。大学卒業後は、定職は持たないが、アンテナを高くして自分探しを続けている。

思春期をドブに捨てた

食事のあとレイさんは、「ずいぶん食べちゃった」と笑う。二年前まで拒食症だったとは思えない。数日後、彼女から手紙が届いた。

「いつも元気をいただき、ありがとうございます……今思えば、私の人生はジェンダーに関わる問題と悩みに満ちていた気がします。〝女であること〟による混乱と波乱でいつも心がざわついていました。自分に確信と自信が持てないまま、身体と心をドブに捨てるような思春期を送っていました。そんな時代があったからこそ、今の何気ない日常がとても幸せです。今の暮らしは〝生きていて良いんだ〟という実感に満ちています。パズルのピースがはまるように色々なことが理解できて……」

妹は獣医の卵で……

そのレイさん、半年後、今度は妹を連れてわが家に来た。妹の名は舞。獣医大の三年生だ。

親からは、当然獣医を継ぐことを期待されている。でも舞さんは屈託ない。わが家のやんちゃ子猫を抱いて「ダメですよ。そんなことしては」と優しく語りかけるときの笑顔が、とてもいい。動物がホントに好きなんだね。

妻の手料理に「えーっ、これどうやって作るんですかぁ」「スマホで撮っていいですか」と二人で歓声を上げる。デザートもペロリと平らげて帰って行った。仲のいい姉妹だ。いやあ、若いっていいねぇ！

南の島で休みたい

しかし、舞さんの背後には常に「過干渉ペアレント」の存在がある。期待をかける親のプレッシャーの下、いくら「屈託ない」舞さんも、少々脱線や逃避をしたくなる。でも親はそれが理解できない。

舞さんの大学では、成績表がまず親に郵送される仕組みになっているとか。それにも呆れるが、まだ成績も届かないうちから、親は舞さんに電話して「進級できなかったらどうするの」などと不安をぶつけてくる。本人にしてみれば「うざっ」。夏休みで少々羽目を外し、新しい体験を楽しんでいるのに……。

妹思いのレイさんは、親の干渉を知って「カチンと来た」。見せてくれた母宛のレイさんのメールには、以下のようにあった。

「舞のこの夏の様子は、どこの子どもでも通過するものでは？『私はこの道にむいているのかな』『勉強めんどくさい』『南の島で休みたい』等、ちょうど思う時期だし、現実逃避したいというのは誰でもあること。獣医のことだけを一筋に考え、向き合うというのは、逆にメンタルを壊すリスクが高いのでは？　この夏の様子を見れば、舞なりに獣医の道を捨てずに続けるための、一つのやり過ごし方だったと思う。

親として、成績表のことや、今後どうなるか、すごく不安だったのはわかる。でもそれは、大人同士で話し合って解消すべきだよ。舞はもっと不安だったはず。だって自分の人生のことで、みんなの期待に関わることだから。親の不安を舞にぶつけたのはどうかな？」

「私が我慢すれば」「それが一番よくないんだ！」

レイさんの母親は、人生のほとんどをこの地域で過ごした。はた目には何不自由ない人生だが、古い因習に凝り固まった一族の中で、彼女自身が悩み、ある種の孤立感を深めていたのだろう。すぐに届いた母親からの返事には、不満や不安がぎっしり詰め込まれていて、最後にはこうあった。「結局私が我慢すれば、みんな丸く収まり、安楽な生活が送れるんだね」。

この時点でレイさんは「切れた」。親のくびきから離れ、生まれ変わりつつあるレイさんの、心の叫びが噴出する。母親に宛てたメールが以下。

「これが一番よくないんだ！　女がこの考えに陥るようになったのは、男尊女卑の、嫁にすべてしわ寄せくるようにした、男が作った社会のせい。こうやって『我慢』を拠り所にするから、女は自殺したくなるし、子どもを虐待したくなるんだ。

逆だよ。ママが我慢せず、自分を幸せにする勇気をもって自由になれば、私たちも幸せなんだよ！

自分の人生を大切に扱ってください。ママの人生はママにしか幸せにできないんだ。ぶっちゃけ、我慢したって誰もそんなの評価してくれないよ。幸せになったもん勝ち。親としてとか妻としてとか、そういうカテゴリー関係なしに、一人の自立した個人として、幸せになって！　その勇気を持って！　まじで！

そうするとね、色んな生き方があるんだって許容できるんじゃないかな。どんな人間でもみんな生きる価値がある。役に立つ立たないがその人の価値じゃない。その人が楽しく幸せに、自分の人生を大切に満喫できればそれだけで価値があるんだよ」

そして、レイさんは今

「これだけの啖呵を切れるということは、自分に力がついたからね。よかったわ」と妻が感想を送ると、以下の返信が来た。

「そうですね、少しずつ自分の中で芯のようなものができたのだと思います。自分が生きる場所で、頼れる人たちとの出会いがあったからこそです」

レイさんは今、ある国家資格を取るべく、通信教育で猛勉強中。ジグザグしたコースを経て、やっと自分の生き方をつかみつつあるレイさん。

一方で、退職して何年もたつが、いまだに自分の生き方を模索している私たち。彼女の若いエネルギーを背に受けながら、しばらくは彼女との「並走」が続きそうだ。

19 もう一つ食べていいよ——教員生活最後の出会い、そして別れ

学校には放課後がある。夜間定時制高校にも、短いが放課後があり、クラブ活動もある。Kは、私が顧問をしていたバスケット部の生徒だった。授業で教えたこともない、クラブだけの付き合いのK。私の教員生活最後の年のことである。

窃盗、そして鑑別へ

目つきが鋭く、いかつい顔のKは、まさに「ワル」という印象。彼の過去を詳しく聞いたことがある。

「小学校はいじめられてたけど、中学でデビューしてさ、ケンカ、酒、タバコ、何でもやったよ。でも、バスケはガチ、頑張ってた。全日の都立P高にスポーツ推薦で入った。で

も、すぐ警察につかまった」

「何やったの?」

「窃盗。バイクを盗んだ。それで鑑別入ってさ、一学期の終わり頃出てきたんだけど、担任から〃あと一回休んだら単位落として留年だ〃とか言われてさ、もう無理じゃん。まだ一学期の終わりだったからね。それで、学校やめた」

　その後、うちの定時制を受け直し、何とか二年に進級した。バスケでは、誰が見てもKが一番うまい。一歳年上ということもあり、キャプテンだ。しかし、わがままで、すぐ敵を作る。すぐ熱くなり、切れる。それでも、バスケにかける情熱だけはホンモノ。

餃子を食べながら

　ある時「いつかおごってやるよ」と軽口をたたいたら、「いつおごってくれんの」と矢のような催促。「じゃ、部活が終わったらどこか行こう」ということになり、夜一〇時過ぎ学校を出た。

　Kは「先生、何おごってくれんの?　焼き肉?　バーガーセットの一番高いヤツでもいいけど」と、勝手なことを言いまくる。

結局、ちょっと安めの餃子チェーン店へ。私はあきらめて、「何でも食べな」と言う。Kは「えっ？　いいの？」と嬉しそう。このへんはまだ子どもだ。彼が頼んだのは、チャーシューメン、かに玉、餃子、である。

料理が来た。餃子は六個乗っている。私が「餃子、一個もらっていい？」というと、「いいよ」と素直。当たり前だよ、オレのおごりじゃん、と思いつつ、一個ほおばった。すごくうまい。Kはまず、かに玉を平らげ、次は麺にとりかかる、私は、つけ麺を地味に食べていた。するとKが言う。「餃子、もう一つ食べていいよ」。

Kの言葉に従って、私はもう一つほおばった。知らない人が見たら親子と思うかもしれない、不思議な心の交流。不思議な時間。あっという間に全てを平らげて、Kは言う。「ああ、うまかった。あとチャーハンぐらい食えるな」。

私は聞こえないふりをして、勘定を済ませた。

いい目を見させてやるよ

帰りの電車の中でKは言う。

「カティ、俺たちがバスケ部に入ってから楽しいでしょ」（Kは私のことを、カトウティーチ

ャーを略してカティと呼んでいた）

確かにKを中心にうまい生徒が集まり、部としても上り調子。体育館に佇んでいるだけの「ど素人」の私でも、楽しいと感じる。

Kは続ける。「カティ、俺たちが卒業するまで顧問に残ってよ。公式試合で絶対優勝して、いい目を見させてやるからさ」と一丁前のことを言う。ちょっと泣かせる。

「Kよ、ありがとね。でも……オレは今年限りなんだ。来年三月には定年退職なんだ」という言葉を、ぐっと飲み込んだ。

突然の事件勃発

しかし、それから一〇日も経たないうちに、Kは信じられない事件を引き起こす。同じクラスの生徒を外に呼び出し、激しい暴行を加えたのである。このことを知らされた時、目の前が真っ暗になる思いだった。一体、どうして？

担任から事情を聞かれたKは、「ムカつくことがあったから、そいつを呼び出して文句を言った。でも、手は絶対出してない」と否認し続けた。しかし、被害者が「ボコボコにされた」のは事実であった。Kはとりあえず「自宅待機」となった。

4番のユニフォーム

公式試合が迫っていた。当然Kは試合に参加できない。さらに、ユニフォームの件があった。バスケットの公式試合に出るにはユニフォームが要る。ユニフォームはクラブで揃えて、貸し出していた。試合が終われば顧問に戻してもらうシステムである。Kはユニフォームを返却していなかった。バスケットのユニフォームは4番から始まり、4番を着るのはキャプテンと決まっていた。Kは、4番のユニフォームを持ったまま「自宅待機」に入ったのである。彼のユニフォームを回収しないと、公式試合に出る人数が一人減ってしまう。

私は、ユニフォームを回収すべく、Kにメールで連絡した。「ユニフォームは返すよ」との返事。しかし、なかなか実行されない。試合の数日前、私はKに再度メールを出した。「もう時間がない。何とか明日あたり会ってユニフォームを受け取りたいのだが」と。

その日の遅く、やっとKから返事が来た。次のように書かれてあった。「バスケ部の顧問、今までありがとうございます。やっぱ、ユニフォームの4番は誰にも譲れないみたいだ。バスケ部のキャプテンはずっと俺のままじゃなきゃね」。

私はそのメールを何度も読み返した。そう、この4番のユニフォームは彼の命なんだ。だから、それをKから奪い取ることなんか誰もできない。Kの言い分を受け入れるしかないんだ。

私は書いた。「いいよ。返さなくて良いから、持っていなさい。君はいつまでもバスケ部のキャプテンだよ」。それに対して「ありがと」と短い返事が来た。私はその四文字に込められたKの気持ちに思いを馳せた。

それにしても、否認はしているが暴力事件を起こし、クラスメートを傷つけたことは事実。Kが学校を去る可能性は大きい。彼が高校生活を賭けてきたバスケのユニフォーム……最後のプレゼントに思えた。

Kとの別れ

一学期の終わり、Kの父親が退学届けを持って学校に来た。担任との話が終わるのを待って、私は父親を学校の門まで送っていった。

父親が言う。「息子は全日制を退学し、この定時制に再入学したので、何とか続けて欲しかったです……。この定時制で息子はバスケ部に入り、本当に一生懸命やってました。

試合が近づくと、『試合に勝ちたいから頑張るんだ』と毎日のように言ってましたね。先生に出会えたのも、息子にとっては良かったと思います……」。

私は心打たれながら「何かあったらいつでも連絡してくださいね」と父親に伝え、別れた。

退学後もKとのメールのやり取りは続いた。建設現場の仕事を始めたという。ある時、私が今年度で定年退職を迎えることも伝えた。その後、私の誕生日の直前に、「○×日はオレの誕生日なんだ。六〇回目のね」とKに軽いノリでメールを出すと、当日の深夜、ほろ酔い気分の私にKからメールが入った。画像付きであった。その画像には、彼が仕事で使っているテープを壁に貼り付けて書いた文字が写っていた。「カティ、たん生日、おめでト」。

さらに以下のコメントがついていた。

「写真届いたかな? これマスキングテープっていって俺の仕事に絶対必要なものなの! 毎日テープぺたぺた貼って仕事始めるんだ。給料出たらそのうち俺が飯おごるよ」

成人式を迎えたK

退職して二年が過ぎた。Ｋとの連絡も途絶えた、と思う年の暮れ、突然メールが来た。たった一行、「カティ、オレもうすぐ成人式！」とのメッセージ。翌月、成人式の次の日に、Ｋと久々に会った。

少々やせた顔が、日焼けで黒光りしている。先ずは用意した深紅のネクタイをプレゼント。「ありがとう、カティ。でもネクタイはあまりしないかも」とＫは笑う。

仕事は続けているという。朝早く現場に向かい、マスキングテープを使いながらのきつい作業だ。二人で酒を酌み交わした。Ｋの退学から二年半が経っていた。「成人式のあと、中学のクラス会をやったんだ。うちのクラス、すごくてさ、みんな大学生なの。中卒はオレくらい」と言って苦笑する。

教員生活最後に出会い、部活動だけの、短い付き合いだったＫ。成人式を迎えたＫの人生は、まだ始まったばかりだ。「もう一つ食べていいよ」と言われて、餃子を分け合って食べた時のことを、今もふと思い出す。

20 友情とふるさとと——自分史風に

雪深い山形で生まれて

私は、一九五〇年に山形県の尾花沢町（今は市）で生まれた。そこは山形でも有数の豪雪地帯で、冬には雪が家の二階近くまで積もった。雪かきと屋根の雪下ろしに明け暮れる、そんな毎日だった。

父親は地元で営んでいた商売に失敗、私が物心つく頃には極貧の中にいた。父親は大酒飲みで、飲むと母親に当たり散らし、ケンカが絶えなかった。一方、母の弟である叔父は大きな菓子屋を経営し、県で二台目という高級車を乗り回すなど、羽振りが良かった。子ども心に貧富の差を肌で感じた。

尾花沢に見切りをつけ、夜行列車に乗って二月に一家で上京したのは、私が小学三年生の時だった。世はまさに六〇年安保闘争の前夜で、騒然としていた。

三年生まで在籍した尾花沢小学校のことは、あまり記憶にない。同じ学年に柿澤という生徒がいた。私は彼を覚えていないが、向こうは私を覚えていた。のちに「運命的出会い」をする人物だ。

新しい生活の中で

父親は東京下町の町工場に就職、私たち一家は粗末な借家に落ち着き、新しい生活が始まった。私には三つ上の姉がいたが、いつも二人で寄り添うように生きていた。姉は山形弁をからかわれ、よく泣いて帰ってきた。私は姉を慰めながらも、自分は意識的に山形弁から東京弁に順応した。

初めて接する「都会っ子」がまぶしく見えた。彼らに追いつきたくて、必死で勉強した。墨田区にある都立墨田川高校に入学。下町情緒豊かな地域だった。体育の時間に隅田川沿いを走ると、向うに浅草の街並みが見えた。卒業式に「日の丸」はなかったと思う。でも、上級生の一部が「日の丸反対」のチラシを配っていた。私は全く関心がなかった。

大学受験の頃、学生運動が激化。私が受験した大学の入試は予備校を借りて行われ、入学後も「ロックアウト」で半年間キャンパスに入れなかった。ノンポリの私ではあったが、日本の基地から飛び立つアメリカの戦闘機がベトナムを爆撃する事実に衝撃を受けた。「アンポって何だろう」という疑問がムクムクと湧いた。

六〇年代後半のヒット曲も懐かしい。例えば「ブルーライトヨコハマ」「夜明けのスキャット」、そして永遠の名曲「イムジン河」……うーん、涙出そう。わっ、オジサン丸出し（笑）。

顔写真が貼り出され

大学卒業後は、英語が好きだからというノリで都立高校の英語教師となる。同時に教職員組合に加入した。当時、組合に入ることは全くフツーのことだった。

三〇代に入った頃、私は向う見ずにも教職員組合の役員に立候補した。一番「軽い」ポストであったが。どうしてそうなったのか、今でもわからない（苦笑）。役員選挙が始まり、全都立高の組合掲示板に、立候補者全員の顔写真と名前が貼り出された。一番下のほうに私の顔もあった。

役員選挙が始まってすぐに、教員仲間のＰさんから電話があった。Ｐさんとは組合活動で知り合い、懇意にしていた。

彼が電話口で言う。

「うちの職場に、加藤さんと小学校が同じだったという先生がいるんだけど……。役員選挙のポスターを見て気が付いたらしいよ」

「え、何ていう人?」

「柿澤っていう人なんだけど」

「……記憶にないなあ」

運命的な?再会

役員選挙（私はあえなく落選）の終わったある日、Ｐさんの仲介で、その柿澤と私は居酒屋で会うことになった。私は早めに行って待った。

居酒屋に入ってきた男が、私の顔を見つめる。「あ、やっぱり加藤だ!」と叫ぶ。

「オレ、柿澤だよ。同じクラスになったことないけど、ほら、一年生の時学芸会で劇やったろ?　その時お前はおじいさん役でオレは……」

山形のアクセントが懐かしかったが、本人を見ても、話を聞かされても、全く記憶になかった。英語教師の私の頭に浮かんだ単語はawkward（気まずい）である。いやあ、困った。どうすりゃいいの？

柿澤は続ける。

「オレは高校まで山形にいて、大学は東京なんだ。都立高の教員になってさ、役員選挙のポスターを見てたら、加藤の写真が載っているからたまげて……」

その日はそれで終わった。私の記憶は戻らなかった。仕方ない、覚えていないんだから。後に柿澤は言っていた。

「加藤の反応悪くてさぁ、嫌われてるのかと思ってしばらく落ち込んだ」

でもなあ、二〇年以上も前の、しかも小学生の時の話だよ。柿さん、細かいことよく覚えてるね、それこそたまげるぜ！

それ以後、私たちの新たな交流が始まった。同じ職場になることはなかったが、たまに会って飲むことも。彼はいつも雄弁に故郷の尾花沢を語った。夏休みに名産のスイカや漬物を届けてくれたこともある。

五〇年ぶりの帰郷

二人の定年退職直前に、三・一一の大震災・原発事故が勃発、忘れられない年となった。私は「君が代」斉唱時の不起立で処分され、結果として無職、柿澤は嘱託の仕事を持ったが、お互い時間的ゆとりができた。夏祭りの季節に二人で尾花沢を訪れた。彼は毎年戻っていたが、私は五〇年ぶりだった。

すべてが懐かしかった。街中を二人で歩いていると、柿澤の同級生に会う。彼は必ず私を紹介する。「ほら、小三の時東京に引っ越した加藤良雄だよ」。ほとんどの人が「悪いけんど覚えてねえなぁ」。でもある時、同級生の一人が「うちさ寄ってけよ」と誘ってくれて、柿澤と一緒に彼の家に上がり込んだ。記憶にない昔の同級生のためのもてなしは……牛スジの煮込み、鯉の洗い、鮎寿司、と超豪華。わぉ、カンドー。

スペアリブはちょっと

柿澤はサービス精神満点で、短い滞在期間に車であちこちを案内してくれた。昔の朝ドラ『おしん』の舞台で有名になった銀山温泉にも。

一軒の土産物店に立ち寄った時のこと。店に入ると「久しぶりだなっす」と奥さんが挨拶。店の夫婦とは昵懇の仲らしい（柿澤の顔の広さには舌を巻く）。買い物を済ませて帰ろうとすると、店の旦那が近づいてきて、包みを柿澤に渡し、こう説明する。「酒だけで煮て、食う時は生醤油だけかけて……」。

聞くと熊の肉だった。店主はハンターで、クマをよくしとめるらしい。彼はもう一つビニールパックを差し出す。「こっちはスペアリブ。味付けしてあるからこのまま食える」。

柿澤と二人になってから彼が言う。「たまに熊の肉をくれるんだ」「熊の肉ってうまいの?」「けっこういけるよ。熊のスペアリブ、一つどう?」「いや、ちょっと」「何だ、偏食だなあ」。

「良雄ちゃん」と呼ばれて

その後私は「一人で歩いて宿に帰る」と言って、柿澤と別れた。

懐かしいけれどさびれた街並みを見ながら、私が向かったのは昔通った尾花沢小学校。校門の前に来た。ここが、私が三年生まで過ごした小学校だ。木造だった校舎が、小ぎれいな白い壁のコンクリートに変わっている。でも、近くの神社も、遠くに広がる水田地帯も昔のまま。五〇年前のかすかな記憶。小学生の頃の自分を追う。

ふと思い出す。柿澤が言ってたっけ。

「中学三年の時、六クラス中二クラスが『就職組』だった。今じゃ考えられないけどな。そのクラスの仲間は、三月になると専用列車で東京に行くわけよ。誰に言われたわけでもないけど、みんな駅に集まって見送ったよ」

その後交流の輪が広がった。尾花沢小学校を出て、東京近辺に在住している同期の集まりに出た（もちろん柿澤中心）。

飲みながら一人が言う。

「良雄ちゃん、久しぶりだなっす。俺、山形の工業高校を出て、東京の電機メーカーに就職してな。良雄ちゃん、勉強できたから俺みたいな成績悪い奴なんか覚えてねぇべ」「良雄ちゃん」って呼ばれて、あの時に戻ったみたい。なんか泣ける、でも嬉しい。彼は脚が悪いようで、引きずるように帰って行った。

その彼から、ある日また電話。「あ、良雄ちゃん？　今度田舎で芋煮会やるから来ねぇか」。そう、柿澤との出会いが、私をふるさとに呼び戻したんだ。

＊＊＊

私も原告である四次訴訟の地裁判決が先月出された。「一部勝訴」だけど未来に希望の灯をともす判決と思う。また多くの仲間と歩み始める。次の勝利目指して。

第二部

現在《いま》を生きる教え子たち

＊1と19は、それぞれ「君が代」裁判関係の話（証人尋問と判決）
＊2と3は全日制高校の卒業生の話
＊4〜10は南多摩高校定時制での話（一九九九年四月〜二〇〇六年三月）
＊11〜18は立川高校定時制での話（二〇〇六年四月〜二〇一一年三月）

1 自分に「お疲れさん!」──一生に一度の証人尋問

裁判の山場、証人尋問

「君が代」斉唱時に起立しなかった……それで処分され、裁判を始めてから三年近くがたった。いよいよ山場が訪れる。

二〇一六年一一月一一日、私の「証人尋問」が行われた。弁護士の問いに対し自己の正当性を語るもので、まさに最大の山場だ。

当日、私は証言台に立ち「何事も包み隠さず事実を述べます」という趣旨の「宣誓」を行う。その後厳かに(?)椅子に座る。さあ、いよいよ始まる。左手に立つ弁護士が最初の尋問を次のように行う(一応打ち合わせ通り)。

「あなたは、都立高校の教師として三八年年勤務し定年退職したとのことですが、最初に一九七三年から勤務した都立T高校のことについてお聴きします。どのような教育が行われていたか説明していただけますか」

それに対して私は次のように答える。（ただし、証言者はメモを持つことは許されない。なんで？　堅いこと言わないでよ！と言いたいが、ダメなんですね）

『自主・自立』の教育目標の下、生徒の自治活動を大切にする学校でした。教員もなるべく口を出さず、生徒たちのやり方を極力尊重しました」

はーっ、最初の質問に気持ちよく答えられた。気持ちがぐっと楽になった。そのあとの尋問には「一球入魂」じゃないけど「一答入魂」で、気持ちがググッと入り始めたのが自分ながらわかった。

「うるせえ」と言われて

尋問の一つのハイライトが来た。定時制勤務に関しての尋問に、私はその当時を思い出しながら、はじけるように答えた。

「あなたが定時制で教えていて印象に残っている生徒がおりますか」

「はい。M高校定時制の一年生の時、Kという生徒がいました。中学時代に事件を起こして警察に捕まり、高校に入学したときは保護観察下でした。Kは学校と教師に対し最初から敵意を持ち、絶対に心を開くことがありませんでした。話しかけても帰ってくる言葉は『うるせえ、バカ、死ね』の三つだけでした。そのKがある時、別の教師に注意されたことをきっかけに逆切れし、一触即発の状態になりました。私はその場に駆け付け、体を張ってKの前に立ち、なんとかその場は収まりました。それ以降もKには折に触れて声をかけました。次第に彼は心を開き、私が異動する頃にはしんみりと別れを惜しんでくれ、『新しい学校でも頑張ってよ』と声をかけてくれました。

T高校定時制に異動させられたので、Kとの付き合いは一年で終わりました。それから三年が経ち、Kも無事卒業を迎えました。すでにT高校定時制に異動していた私は、Kを始め卒業生に会いたくて前任校に出かけていきました。残念ながら招待状が来なかったため、私は式場には入れなかったのです。でも、最後のホームルームが終わったあと、私が待機していた職員室にKは来ました。私の前に座り、『お久しぶりです。就職も決まりました』と挨拶してくれました。『不良』のレッテルを貼られてきたKの、別人のような姿がそこにはありました。私は、Kと話した後、最後に固く握手をして別れました。帰り道思わず涙が出ました。どんな生徒も変わるんだと感じ、その変わる過程に関われる教師という仕事の素晴らしさを、再認識した思いでした」

ボロボロの状態になって

生徒とのエピソードだけでなく、管理体制下の自分の苦悩をも赤裸々に述べた。

「今の教育現場の状況は、教師の勤務のあり方、健康状態にも影響を与えておりますでしょうか」

「はい。いわばブラック企業のような職場になり、雑務が増え管理体制が強まりました。そういう異常な管理体制の中で精神を病む教員も増大し、更には定年まで待たずに早期退職する教員が大幅に増えました。私も、先ほども触れましたが通達以降、あまりの管理体制のひどさに疲れ果て、五〇代半ばから毎年のように早期退職を考えました。毎日足を引きずるように学校に行きました。生徒との交流が支えとなり、何とか定年退職までたどり着きましたが、退職後に嘱託をやる力はもうありませんでした。定年までの数年間はもうボロボロの状態で、ずっと精神安定剤を服用していました」

生徒の詩で締めくくる

最後に弁護士から出された尋問は「最後に裁判所に述べておきたいことを簡潔に述べていただけますか」であった。私は思いのたけを最後の言葉に込めた。

「退職直前の授業で、生徒に簡単な英語の詩を書かせました。ある男子生徒がMy fatherという詩を書きました。

それに私が日本語訳をつけました。それを紹介します。

My father　　親父
Very kind　　とても優しい
Work and horse race　　毎日働いて、たまには競馬
Take care　　無理すんなよ
My father　　親父

父親に対する彼の愛情が胸を打ちます。この生徒は解体作業現場できつい仕事をしていました。いつも作業着姿で学校に来ていました。教師であれば、彼の厳しいであろう生活

に思いを馳せ、その向こうにある社会にも目を向けます。厳しい時代であればこそ、自分の頭で考え、生きる力を身に付けてほしいと願うのは教師として当然です。しかし、今の都教委のしていることはそれとは真逆のことです。『自分の頭で考えるな』『上から言われたとおりに従え』ということです。しかも、教師を統制することによって、生徒に一つの考え方だけをすり込もうとしているのです。これはもはや教育の名に値しません。生徒の人権が大切にされ、教師の自由闊達な教育活動が保証される教育行政をぜひとも再生したい、そのためにも司法の良識ある判断を心からお願いしたいと思います」

卒業生が傍聴に来てくれた

この証人尋問は大法廷で行われた。大法廷は傍聴席が一〇〇人分もある。スカスカじゃまずいということで、何とか満杯にしたい。私も数少ない知人友人に声をかけた。それと卒業生。彼らに「これこれの裁判やっていて、私が証人尋問に立つから東京地方裁判所に来てね」と連絡をするしかない。いやあ、最初はビビりましたね。だってそんな裁判をやっていること自体彼らは知らないし……。でもしょうがないじゃん、空席が目立ったらインパクトないでしょ。「ドン引き」されること覚悟でどんどん手紙出しちゃえ、というノ

り で、近しい卒業生を中心に、「裁判へのお誘い」を出しまくったのでありました。でも来ないよなー、東京地方裁判所なんて、聞いただけでいかめしいもん……と心のどこかであきらめていた。

そこに、一人からメールが入った。

「お手紙いただきました。一一月一一日ですね。仕事のシフトを確認して、行けるようなら近く連絡します」

驚き！　Y君であった。彼はH高校全日制の教え子で四〇代。タクシーの運転手をしている。友だち思いで無類のお人よしだが、親が宗教団体に属していることもあり、「君が代」裁判に関心を持つとは思っていなかった。

そのY君、尋問の前日に再度メールをくれた。

「先生、明日は何時のどこでしたっけ？　日比谷公園の隣でしたか」

えーっ、本当に来てくれるの？　にわかには信じがたかった。……しかし、彼は来た。法廷に入ってくるのが見えた。終了した時、すでに彼の姿はなかった。直後に彼からのメール。

「先生……先生の答弁は明快、快活でドラマチックで、心に響いたよ！　俺は先生の生徒でよかった」

勤務が厳しいだろうに、そのシフトを縫ってきてくれたY君の、短いけれど心のこもった言葉……ケータイの画面を見ながら涙が出そうだった。

また別の卒業生は

T高校全日制の教え子のIさんも来てくれた。五〇代の女性である。彼女は何と、大学の法学部卒。学生時代に法律事務所の手伝いをしていた。裁判所にしょっちゅう出かけて事務的な仕事をこなしていたという。裁判所はいわば「古巣」なのである。

彼女は後日長い手紙をくれた。曰く

「本件で『勝訴』を掲げて報道陣の前に走り出るのは難しいかもしれません。が、現場でどのような思いで実践を重ねてきたかという、胸を打つ言葉が記録に残されるのは大切なことだと考えています」

玄人のコメントと感じた。最後に彼女は言う。

「法廷で語られる定時制の物語は、社会を学ぶ場だと思います。順風満帆で来たであろう判事にとっても。……胸を打つ証言だったと思います。末筆ながら、疲労はインフルエンザ感染の温床（？）になりますので、ストレスを解消してお過ごしくださいますよう」

元同僚も

また、元同僚のRさんも傍聴してくれた。彼女もまた、後日はがきをくれた。曰く

「……加藤さんが常に生徒を核として彼らに向き合いながら、教師はどうあるべきか、また学校はどうあるべきかを問いかけながら歩んでこられた月日がとてもよく理解できました。……最後の生徒の英語の詩、その詩から浮かび上がる生徒の生活環境の厳しさ、それを知れば教師としてはその社会に直接対峙せざるを得ないのだ、との発言は、加藤さんの後ろの傍聴席に座っていた私たち一人一人の叫びでもあったと思います」

ともに苦闘した時期を思い出した。彼女がわざわざ法廷に来てくれたことが嬉しかった。

エピローグ

笑えることに、妻も私の証人尋問を聞きに来た。彼女には事前に尋問内容を見せて、表現や話の展開に関してアドバイスをもらっていたので、その恩返しに（笑）一応声をかけてみたのである。

私「えっ？　来るの？　裁判なんて興味ないと思ったけど」

妻「でも、『一生に一度』なんでしょ。それに、少しでも席を埋めたいって言ってたじゃない」

「まあね。別に来るなとは言わないけど……まあ、枯れ木も山の賑わいだからね。ハハハ」

「でも、裁判所なんていかめしいところに長くいたくないから、あなたの尋問が終わったらすぐ帰るわ」

「どうぞどうぞ」

そして実際に妻は、私の尋問前に現れ、終わったら風のように?帰っていった。その日の夜に聞いてみた。

「どうだった？」

「もう二度と行きたくないわね」

「はあ、分かる気もするけど」

「あなたの尋問聞いていて、ハラハラして神経すり減ったわ。もうあんな緊張感を経験したくない」

「でも、証人尋問を受けているのは私なんですけど。受け答えもしっかりできたつもりだけどなぁ」

「あなたの全人生をしょっちゃって、とにかく疲れたの！　クラクラしたわ」

しばらく精神的に不安定であった。決めました、今後一切裁判傍聴には誘わないと。まあ、誘う前からもう来ないでしょうが。いやはや、様々な受け止め方があるものですね。今の状態ですか？　元のノーテンキな妻に戻りました（笑）。でも、裁判の話は……家ではあまりしないようにしてまーす、ハイ。

こうして「一生に一度の尋問」も終わった。

裁判の結論はどうなるのか、それが一番気になること。でも、多くの人との出会い、生徒の再発見、そして過去の教育実践のとらえなおし……それら一つ一つの過程がとても楽しく、刺激的だった。

これからも、新たな出会いや発見があると信じたい。中国の詩人、白楽天は琴・詩・酒を「三友」としたけれど、私の友は今のところ酒だけ。今晩も盃を手にこれを書いている。

2 電話で教育相談

教え子からの電話

ある日電話が鳴る。

「あ、加藤先生ですか。私、ミホです。H高校で担任してもらった……」

ミホは、卒業させてから二〇年以上もたつ教え子だ。年賀状の付き合いはあるが卒業以来会ったことはない。男の子二人の母親だ。

「下の子のことで相談があるんですが」と話し始めたミホ。内容は……息子のユウは高校に入ったばかり。ある日の放課後、たまたまロッカーのところにいると、通りかかった他クラスの男子が「邪魔だ」と言って、突然ユウの腕をつかみロッカーに押し付けた。ユウは怒って反射的にその子の足を蹴った。その後取っ組み合いのケンカになって……次の日、保護者同伴で学校に呼ばれるという。

「きっかけを作ったのは相手だけど、両方が暴力をふるっている。二人とも謹慎処分は避けられないだろうね。暴力はダメよと言い含めながら、ユウ君の気持ちに寄り添ってあげることが大切だね」と私。

「目には目を」の「論理」

翌日、再びミホから電話。

「先生、両方とも謹慎七日でした。でも納得できないんです」

「何が？」

「うちは被害者でしょ？　先に腕をつかまれたんですから。暴力に対して黙っていたら、もっといじめられて自殺に追い込まれるかもしれない。だから抵抗して足を蹴ったんです。暴力に対して暴力で対応するのがなぜいけないのかって、学校側に抗議しました」

はあ？　あまりの率直な論理に驚いた。

「相手との関係も含め、ユウ君が早く戻れるよう励ますことだよ。国対国の関係だって外交が主流。暴力では何も生まれない」

「はぁ……」と心もとない反応のミホ。

二十数年ぶりの再会

数日後、ミホからメールが届いた。

「謹慎も終わって、ユウに笑顔がもどりました。ありがとうございました。ところで、クラスメートのアキと今度会うんですけど、先生もご一緒しませんか」

土曜の午後、カフェでミホ、アキと二十数年ぶりに会った。アキは高校時代、いわゆる模範生で、今は高校生、大学生の親だ。「ワッ、先生、変わってなーい！」と二人は笑う。二人とも高卒後すぐ就職し、間もなく結婚した。

昔話で二時間盛り上がった。別れ際に、ミホが見覚えのある小冊子を出した。それは、卒業式後のHRで私が配布した最後のクラス通信だった。一人ひとりにコメントを書いたため、一〇ページを超えた。若かったあの頃、前日の深夜までかかって書いた。

「これ、今でも大事にとってあるんですよ。先生の言葉がとてもうれしかった！」

ミホには「君は春のたんぽぽのように明るくて和やか」などと、クサイ言葉が書かれていた。アキが言う。「私もそれ、卒業アルバムに貼り付けてある。でも、先生、ミホへのコメントの方が長かったですよ。ちょっとひがんじゃった」。

うーん、「優等生」より、そうでない子に多めに書いちゃうんだよね。でも、そのコメントが二十数年経っても心に残っている？　ふーむ……。

別れ際に、ミホが私に紙袋を渡す。「これ、私が今朝作ったものです。奥さんと食べてください」。中にはカップケーキが四個並んでいた。

数日後、ミホからメール。

「実は、長年の仕事で身体を壊してしまいました。料理が好きなので、ずっと厨房の仕事をしていたんですけど、かなりの肉体労働なんです。同僚にも意地悪されたりして、女の戦いです。やられてもやられても、はい上がり仕事覚えました。具合悪くても、ど根性で続けたのです。そしたら職業病になり、接骨院と整形外科に通いました。地獄を見ました！」。ミホの心を少しは理解できた気がした。

アキからも「今度、私の子どもの相談にも乗ってくださいね」とのメールが来た。高校を卒業したあと就職した彼女らにとって、高校は最後の学校。私は最後の担任教師。彼女らにとって高校の思い出は永遠だ。そして生徒と教師のつながりも永遠である。触れあった期間がたとえ一年であっても、そのきずなは消えることがない。

3 現在《いま》を生きる教え子たち

　ある日の夜のこと。ピンポーン、と玄関のチャイムが鳴る。時計は夜の八時をさしている。「誰だろう、こんな夜に」といぶかしく思いながら「どなたでしょう?」と聞くと、「お届けものです」と男性の声。

　ドアを開けると「夜分スミマセン。加藤良雄様ですね。ここにハンコをください」と言われ、引き換えに包装された箱を受け取った。「夜遅くまでご苦労様」と言うと「ありがとうございました」と元気良く挨拶して帰って行った。その荷物は山梨の友人からで、地元のブドウが入っていた。

荷物も土産も宅配で

今や日本は（世界は？）物流の時代である。郵便局やコンビニに送りたい品物を持ちこめば、だいたい翌日には届く。届く時間帯も細かく指定でき、夜九時まで配送可能とか。送るものが生ものでも、大丈夫。クール便とかいうのがあるから。おっと、なんだか運送業者の宣伝みたいになっちゃった（笑）。

そういえば、私は退職して数年経つが、現役時代最後の頃の修学旅行は、運送業者無くては成り立たないほどだった。旅行出発の前日までに、生徒は荷造りした荷物を学校に持ちよる。それを集めて業者がトラックで運んでいく。生徒がホテルに着くころには、彼らの荷物が、ロビーの一角に置かれているという次第。

また生徒たちは、現地で買ったお土産を自宅に送ってしまう。重い荷物を持って移動する姿はめっきり減った。すべて物流時代の恩恵というわけか？　しかし……。

トラックで東京・大阪を往復

高校時代の教え子からメールが入った。「先生、そろそろミニクラス会をやりたいんで、日曜の夕方で空いている日を教えてください」とのこと。教え子のTはもう四一歳で、定期的に一〇名ほどの飲み会を企画してくれる。ただ、その時はいつもとちょっと違った。T曰く「いつもは土曜に開くけど、今回はめったに来られないKが参加するんで、日曜にしました」。

その日曜の夕方五時きっかりに、居酒屋に着いた。幹事のTを含め、もう数名が来ていた。一番隅にいた男性が私に声をかける。「先生、オレ、誰だかわかりますか」。見ると中背ではあるが、がっちりした体躯、たくましい腕。「えっと、誰だっけ……」「Kです」「あ、Kか、たくましくなったねえ」。

このKが参加できるように日曜日の夕方にセットしたのである。飲み会が進むにつれ「Kは今何やってんの?」という質問が出る。

「トラックの運転手。大阪と東京を往復してる。月、水、金の夜に東京を出発して、次の日の早朝に大阪に着く。夜まで休んで、今度は火、木、土の夜に大阪から東京に向かうわけ。日曜の今朝に大阪から着いた」

「徹夜で運転して今朝着いたんじゃ大変だよね。日中は少し寝たのかな?」と私が聞くと、「いや、寝てません」との答え。ともあれ、日曜の夜だけはゆっくり東京で過ごせるわけだ。だから日曜に飲み会を設定した……その意味が分かった。

幹事のTが尋ねる。

「それで、何を運んでいるわけ?」

「冷凍食品だね」

「そっか……。東京・大阪間を夜通し運転するって、体力要るだろうな。眠くならない?」

「眠くなる。そういう時は片目ずつ開けて寝ている」と冗談ぽくいう。厳しい労働実態がうかがわれる。

昔のクラスメートに戻って

誰かが聞く。「けっこう給料いいんだろ?」。

「今は不況であまり良くないけど、良い時は月にこれくらいあった」とKは答えて、片手を開き、それに右手の指を二本足す。

そのうち話が家庭や子育ての話になると……Kはちょっと辛そうな顔になる。幹事のTによれば、どうやら離婚したらしい。

ほかにも、建設会社、葬儀会社に勤めているもの、レストランで調理師をしているもの、さまざまだ。「中学生の娘が荒れていて、加藤先生に電話しようかと思いつめた」という母親も。参加した十数人が最後には記念の写真を撮って元のクラスメートに戻った。

4　乾杯！　卒業直前の結婚式

もうつっぱるのやめた

「オレ、中学の時、教師を殴ってさ……」と、目つきの鋭いジョーは面談時に問わず語りに話し始める。中学の時はかなりのことをしたのだろう。今もその片鱗を残している。

「やっぱ、中学では荒れてたな。ガラスを割りまくったり、放送室に乗り込んで『〇〇センコーをぶっ殺す！』とかマイクに向かって叫んだり。それでさ、ある教師を何人かで袋叩きにしたことがあったんだ。警察が来てつかまっちゃった。家裁送りだよ。でもさ、オレ、首謀者じゃなかったから鑑別には入らないで済んだ」

ジョーは続ける。「でも、もうつっぱるのやめようと思って……。高校生だもんな、オレも」と言って笑う。その笑い顔に、まだあどけなさが残っている。

ジョーは入学しても授業を欠席することが多かった。たまに出てきても、エンピツすら持ってこない。寝ている事も多かった。耳にはしっかり音楽機器のイアホンが。しつこく注意すると眼光が光り、ものすごい剣幕で「うるせーな！」と怒鳴る。

そんなジョーが仕事をはじめた。鳶の仕事である。きつい仕事らしく、授業中寝ている事がますます増えた。私が日直で、放課後各教室を回っていた時のこと。真っ暗なのに寝息が聞こえる。電気をつけてみるとジョーが、教室の後ろで、床の上に大の字になって寝ている！「おい、ジョー、起きろ！　風邪ひくぞ」と起こしてもなかなか起きない。それから少したって、彼は目をこすりながら帰っていった……。

そんなジョーだったが、欠席日数が増え、進級が危うくなってきたこともあり、三学期は必死で授業に出た。私は毎日のように彼のケータイに電話し、「一時間目数学だぞ。遅刻するなよ」などと指示した。成績もよくなかったが、必死で追試を受けた。

ジョーは進級した。奇跡に近かった。彼と私のある日の会話。

「オレ、この間中学校に行って、担任だった先生に、進級できたって報告してきたんだ」

「その先生は何て？」

「よかったなって言ってくれた。オレも、おかげさまで、って……」

「今の担任にはお礼の言葉がないのかな？」

「へへ……どうもありがとうございます」

進級したジョーは、その後もいろいろあったが、何とか四年生になった。高校生活最後の年を迎えたのである。

いい夫婦の日

今でも忘れない。その日は一一月二二日であった。たまたま休日で、私は自転車に乗って買い物に出かける最中であった。その時突然ケータイが鳴る。ジョーからであった。曰く「結婚することにした。披露宴をやるので、先生出てくれないか」と電話口で言う。驚き！　しかも「主賓あいさつ」をしてほしいとのこと。「いいよ」と私は答えた。ジョーは付け加える。「今日、市役所に婚姻届けを出してきた。一一月二二日は〝いい夫婦の日〟だからね」。その時ジョーは一九歳だった。

卒業式は三月だが、披露宴はその直前の二月に行われた。会場には派手な化粧をして着飾った女友達や、「茶髪にピアス」なのにスーツにネクタイ姿の男友達などが集まっていた。卒業生の結婚披露宴にはずいぶん招かれた。しかし、現役の生徒の結婚披露宴は初めてであった。

まずは「主賓」あいさつ。プロの司会者が「では、まずは主賓挨拶をいただきます。新郎の担任の加藤先生お願いします」と恭しく紹介。私はマイクの前に立ち、静かに語り始める。

「ジョー君は、少々言葉が乱暴なところはありますが、本当に気持ちの優しい、友達思いの生徒でした。私はそんなジョー君が大好きでした…」

その話にうそはなかった。あの乱暴者だったジョー、その彼との四年間の付き合い。その総決算がこの日のような気がして、私は熱を込めて話した。

歓談後、スピーチなどが始まる。男友達と一緒にジョーはカラオケで楽しそうに歌った。また新婦の友達も、一緒に前に出てお祝いの歌を歌った。そのうち司会者が私の所に来て、「先生、歌を一曲どうですか」と言う。ほろ酔い気分の私は「いいですよ」と答えた。

私はマイクを持った。歌は「乾杯」。歌っている間に、さまざまなことが思い出されて、なぜか涙があふれた。涙が出ると気持ちがますます高ぶり、歌に力がこもった。汗をふくふりをして、涙をぬぐった。

歌が終わると、万雷の拍手。会場を出る時、私はジョーと固い握手。

「先生、今日はありがとう」

「良かったな。おめでとう」

5　自分を隠さずに生きる――統廃合反対運動の中で

B君は、忘れられない生徒の一人である。

中学に行けなくなって

B君は中学に入って、突然学校に行けなくなった。両親は教員、兄は大学生という、ごく普通の家庭。親も悩んだが、B君に「学校に行きなさい」と強制することはしなかったという。結局、彼はほとんど学校に行かなかった。

高校進学の時期になった。B君は気が進まなかったが、親の勧めもあり定時制を受けた。合格し、八王子市にある私の学校に入学してきた。入学式の日、生徒の中に、中年の女性がいたり、髪を染めたヤンキー風の生徒がいたり、服装もバラバラ。B君は後に「びっくりしましたね。でも、自分を隠さずに生きていける気がして、逆にホッとしました」と語っている。

B君は、次の日からずっと出席し続けた。もともと勉強が好きだった彼は、全てを吸い込むように授業を受けた。そんなB君の変化を一番喜んだのは、母親である。母親は担任との面談で「あの子はこの学校で生き返ったんです」と涙ながらに話したそうだ。

B君は三年の時、生徒会長に立候補し、当選。その後一年間、生徒会活動に打ち込み、無事卒業した。しかし、一つだけうまくいかなかった。大学受験に失敗したことである。こうしてB君は浪人生活に入ることになる。浪人中のある日、彼は一本の電話を受けた。

「一緒に卒業した友達からでした。うちの定時制が統廃合の対象になったって言うんです。母校がなくなるとヤバイから、ちょっと集まらないかって。トウハイゴウ?母校がなくなる?でも、もう卒業した学校だしなあ、受験勉強もあるし……っていう感じでしたね、その時の僕は。でもその友達に悪いと思って当日行ってみたんです」

そこに集まったのは、私を含む教員数名と卒業生数名。そこで私はB君と久々に再会を果たすことになる。B君は後日言っていた。

「そこで話を聴きながら、行動しなければ、と思いましたね」

必要なのになぜつぶすの？

八王子市にある定時制高校は四校。それを一気になくして、新たに三部制の学校に統合する案が出された。定時制に来る生徒は減るどころか増えているにもかかわらず、である。私たち教職員は統廃合反対の署名を展開、卒業生にも呼びかけた。ある卒業生は、「頑張って下さい」というメモと一緒に一〇人分の署名を送ってくれた。

秋になり、文化祭が近づいた。B君はそこで、卒業生や在校生に署名を訴えることを計画した。当日の朝、B君を含む卒業生四人が校門の前に立ち、署名活動を始めた。その中にCさんがいた。Cさんは、在学中にタバコは吸う、乱暴な言葉で反抗するなど、かなり手のかかる生徒であった。その彼女が「お忙しいところすみませんけど、ちょっと署名お願いできますか」と、今までに聞いたこともないような言葉で、校門の前を往来する一般の人にまで訴えている！　Cさんは言う。

「定時制を必要としている人がこんなにいるのに、それをつぶすなんて絶対おかしい」

秋に、教育委員会が開かれた。多くの教職員、保護者、卒業生が抗議に集まった。が、論議もないまま、統廃合案は「決定」された。

その後、B君は受験勉強に専念、しばらく音信が途絶えたが、二月のある日突然メールが入った。「志望校に合格しました!」。B君の合格祝いをかねて、何人かの卒業生で集まりを持った。中学3年間不登校だったB君。その彼が定時制で「生き返り」、卒業してからの運動の中でまた大きく成長した。教師として、これ以上の喜びはない。「また機会があったら集まろうね。大学でも頑張って」と私は言って、B君と握手して別れた。教育委員会は確かに、統廃合案をゴリ押しし、学ぶ場を奪った。しかしそれに反対し、「学校をつぶすな」と立ち上がった生徒・卒業生がいた。またその運動に共感を寄せた人たちが大勢いた。

B君たちが定時制で得たものは、今後も消えない。彼らの思いもまた、消えることはない。

6 その写真、もらえませんか？

不登校の生徒が定時制に入って大きく変わり、皆勤で卒業するという、奇跡のような話は何度も体験している。しかしタケシは違った。定時制に入っても自分のリズムがつかめず、欠席日数が多くて留年。そして私が四月から受け持つ新入生のクラスに「降りてきた」。

一般的に言って、留年してやり直すというのは至難の業。新学期が始まる前にタケシとこんな会話をした。

「二回目の一年生をするわけだけど、大丈夫かな」

「なんとか頑張ります」

「じゃ、新学期のスタートは四月八日だから、その時また会おうね。その日、授業はないけどクラスの集合写真を撮るからね」

その四月八日、教室に行ったが彼の姿はない。皆が集まってさあ集合写真を撮ろうという時に、タケシは息せき切ってやってきた。彼もクラスの集合写真に無事収まった。しかし、その後彼はパッタリ学校に来なくなった。

五月の連休明けに、タケシは突然職員室に入ってきた。「あ、タケシ……」という間もなく「退学届をください」と私に言う。私はびっくりして「まあ座れよ」と言って二人でしばらく話した。でも彼の退学の意志は変わらなかった。私も、「将来、また高校に行ってみたくなるかも……。その時は必ず相談に来いよ」としか言えなかった。

帰りぎわ、タケシが突然「あの……写真……」と言う。「え？　ああ、クラスの集合写真のこと？」と私。机の上に見本の集合写真が置いてあった。生徒の希望者にだけ、四五〇円で販売していた。タケシはその集合写真をじっと見ている。

私は何と言っていいかわからず、まごまごしていると、タケシは「それ、もらえないですよね……」と言う。ハッとした。新学期になって一日しか登校せず、その唯一登校した日に、遅刻しながらもたまたま入って撮った集合写真。自分は留年生。あとは全員知らない新入生。その写真がなぜ欲しいのだろうか。

でも「もう学校やめるのに、何でそんな写真がいるの？」とは言えない。また、「欲しいの？　じゃ、四五〇〇円払ってくれる？」とも言えなかった。むこうから「払います」というのなら別だけど……。「じゃ、あとで焼き増しして送ってあげる。この写真は見本だから今は渡せないので……」と言って、彼の分は私が負担しようと決めた。なぜなのだろう？　なぜ欲しいのだろう？　という気持ちが、彼が去ったあとも残った。

その後、タケシの退学届が郵送されてきた。私は「高校にまた行きたくなったらいつでも相談してほしい」と心こめて書き、彼の欲しがっていたクラスの集合写真を同封して送った。その写真には、校舎をバックにしてタケシを含む三十余人が写っている。

少したって、彼から短いお礼の手紙が来た。彼はどんな気持ちでその写真を見たのだろうか。今でも考える。

7 なめてるんじゃないの？

Mは全日制からの転入生

定時制に入ってくる生徒で一番多いのは、当然「学齢の子」である。つまり中学を卒業してすぐに入学する生徒。その次に多いのは全日制から転入してくる生徒だ。問題行動を起こして学校をやめた、または成績不振、出席日数不足などで進級できなくなった……等の理由がほとんど。

私のクラスに入ってきたMは、もう少し複雑なコースをたどっている。全日制の都立G高（そこそこの受験校らしい）を受験して失敗し、私立高校に入った。規則が厳しい私立高校だったらしい。以前面談で話した時、Mはぺらぺらと自分の過去をしゃべった。

「入学式の前に集められることあるじゃん、何て言ったっけ、そういうの？」

「新入生招集日かな」

「あ、そうそう、その時さ、担任から、髪を切れって言われたの」

Mは、今でもロング・ヘアである。

「シカトして入学式の時もこの髪で行った。でも、担任もしつこくて、事あるたびに、髪を切れ、切れってうるさくてさ。そのうち、学校も何となく面白くなくなって、うざくなってやめた」

でも、高校ぐらいは、と思って、定時制に入り直したという。いわゆる過年度生であった。授業中、Mは近くの友達と切れ目ないおしゃべりを続ける。きつく注意すると食ってかかる。でも、質問するとさっと正解を言うので、「へー、すごいね、よくわかったじゃないか」とほめると、「先生知らなかったの？　俺が天才だってこと」と図に乗る。そこの知識はあった。しかし、こういう「全日崩れ」こそ、ある意味、始末が悪い。どこかに「定時なんか」という気持ちがある。

年末に一人ひとりと個人面談をした。今日はMの番だった。来るなり「俺、成績大丈夫でしょ。早く終わろうよ」とハナからチャランポランな態度。確かに、それなりの成績はとっていた。要領の良さだけは身に着けている。

私は厳しめに迫る。

「学校って成績だけじゃないからね。君にはもう少し授業態度を改善して欲しいな」

「大丈夫。三学期にはマジになるから。……もういいでしょ」

Mの目は、全くこちらを見ずに、壁の方に向き、早くも腰をあげようとしている。

過去の自分を踏み越えて

「なめてるんじゃないのかなあ」と私は突き刺すように言った。Mの顔がちょっと変わった。私は繰り返した。

「はっきり言って、定時制だからって、なめてるんじゃないのかな」

Mは無言で目を私のほうに向けた。

「君は全日をやめて定時に来た。どこかに、定時なんか、という気持ちがないかい？　もしそんな気持ちでいるんなら、自分をダメにしているだけだよ。どこにいたって、定時だって全日だって、そこで努力することが大切なんじゃないか？　全力で頑張ること、それが本当に価値のある生き方じゃないのかな」と必死に語りかけた。

Mの表情に少し真面目さが見えた。チャランポランな態度も少しだけ収まったように見えた。

「少しでも俺の言ったことをわかってくれたら嬉しい。君は赤点もないし、三学期もこの調子で頑張ってほしい。そうすれば進級も見えてくると思うよ。じゃ、今日はこれぐらいにしようか」と切り上げた。

「うん、わかった。じゃね、先生」とだけ言うと、Mは帰って行った。たぶんMだってわかってるんだ、このままの自分じゃ良くないって。でも自分が定時制に来た、ということのコンプレックスは消えない。

「先生、俺、G高を受けるくらいのレベルだったんだぜ。落ちたけど」といつか言ってたっけ。それが彼のささやかなプライドなんだ。そして、支えなんだ。彼が、いつの日か、過去の自分を踏み越えて歩み始める日を見守りたい。

8 勇太と過ごした三六五日

教師人生で一番苦労した生徒は？　と聞かれたら、うーん、やっぱり勇太かな。

初めて勇太と会ったのは、今から一〇年以上前の四月、当時勤務していたM高校定時制でのこと。身体も大きく、ひと目で「ワル」とわかった。もちろん授業をきちんと聞くはずがない。授業が始まっても教科書も何も出さず、ただケータイをいじっているだけ。そのうちケータイを鳴らす。音楽を響かせる。勝手に席を立ち、仲間と教室の後ろの方にかたまってワイワイ騒ぐ。注意しても全く無視。たまに返ってくる言葉は「うるせえ、バカ、死ね」の三つだけであった。当時私は定時制に来て六年目。さまざまな困難をくぐり抜けてきた自負はあったが、それも木っ端みじんに打ち砕かれた。

彼はそのうちさまざまな問題行動を起こし、「謹慎」に追い込まれる。しかし、「謹慎申し渡し」の日、保護者と校長室に来た勇太は、神妙な態度を見せるどころか、椅子にすわるなり校長室のテーブルにデンと脚をのせた。注意されても指導に従わない。親の注意も聞き入れない。申し渡しができないまま「謹慎」に入った。しかし謹慎中も遊び歩き、結局保護者が見かねて退学届けを出した。「自主退学」という形である。

退学した学校に再び入学

勇太は退学した。しかし何と、私は彼と再び会うことになったのである。しかも彼の担任として！

次の年の二月、勇太は我が定時制に再び入学願書を提出したのである。受験の日、勇太は遅刻もせず現れ、無事テストを受けて帰った。面接でも問題になることはなかった。勇太は二回目の新入生となったのである。

勇太は「学年主任」である私のクラスに入った。入学式の日、最初のＨＲ（ホーム・ルーム）に緊張の面持ちで臨む。教室にはいると、勇太が自分の席に座り、後ろの生徒と話をしていた。私の顔を見るなり、「えっ？　おまえが担任かよ」ときた。ずいぶんな挨拶じゃねえかよ、と返したい気持ちを抑えた。勇太との再会がこうしてスタートしたのである。

最初の頃のＨＲで、生徒たちにアンケートのようなものを書かせた。「趣味は?」「好きな科目は?」「高校生になっての抱負は?」などのたわいもない項目。勇太から返ってきたものを見たら、見事にすべての項目に「なし」と書かれてあった。「お前のことは信用していない」という挑戦状に思えた。その直後、私は、よせばいいのに、勇太に向かって、「君のケータイの番号だけでも教えてくれないかな」と軽いタッチで聞いた。返ってきたコトバは、「何でお前に教えなきゃいけないんだよ」。

それでも勇太は、一度目入学の頃よりも、表面的には「おとなしめ」になった。しかし、「おとなしめ」になった分、底知れぬ暗い部分が見え隠れする感じがして、不気味さが増した。勇太と「個人面談」もした。しかし、彼のコトバは本音のこもらない、形だけのものであった。面談をしても何もつかめない。何も得られない。徒労感だけが残った。

手がかりをつかめない日々

何かをしなければ……焦りながらも何もつかめない毎日。その時思いついたのが、勇太が保護観察中であるということだった。そうだ、勇太を担当している保護司がいるはずだ。その人に会って話を聞けば何かつかめるかもしれない。でも、その連絡先は勇太に聞くしかない。勇太が教えてくれるだろうか？　あり得ない。「何で教えなきゃいけないんだよ」という彼のコトバがよみがえる。

でも、ダメでもともと、勇太に思い切って聞くことにした。授業終了後、勇太の席に近づいて、「担任として、君の保護司に会いたいんだけど」と切り出した。勇太の反応は意外なものであった。

「別にいいよ。ただ、俺、その人の電話番号とか知らないんだ」

「君のお母さんなら知ってるよね」

「知ってると思う」

「じゃ、お母さんに電話してみる」

意外な展開であった。その日のうちに勇太のお母さんに電話。趣旨を話したら、すぐにOKの返事。

「勇太君は定期的に保護司のところに？」

「ええ。隔週日曜日の朝九時に行ってます」

そんな会話のあと、お母さんは保護司のAさんの電話番号を教えてくれた。

あとは突き進むしかなかった。Aさんに電話し、趣旨を話す。快諾してくれた。勇太が

Aさんのところに来る日曜日に行くことにした。

保護司に会いに行く

その日曜日が来た。自転車に乗って朝早く出発。少々迷ったが八時半にはAさんの家に着いた。塀で囲まれたどっしりした大きな家。昔ながらの旧家という感じだ。Aさんと挨拶し、大きなソファーのある居間に通された。

Aさんはまず、勇太が何をして捕まり、保護観察になったかを教えてくれた。自転車をこいでいる女性の背後から、二人乗りのバイクで迫り、彼女のバッグを強奪して逃走した、というのが罪状とか。勇太は保護観察ですんだが、もう一人の相棒は少年院送りになったそうだ。私が「ちゃんと来てますか？」と聞くとAさんは答える。

「ええ。来てますね。私も何年も保護司をしていますが、定期的に来ない人もけっこういるんです。そうなると保護観察期間も延びる。勇太君は一回も欠かさず、遅刻もしないで来ています。彼なりに早く終わらせたいと思っているんでしょう」

Aさんは、勇太がどのような中学生活を送ったかもよく知っていて、教えてくれた。私は聞いた。

「保護観察中の条件というのはあるんですか」

「あります。仕事を持つことです」

「学校に行くことも条件ですか」

「学校に行くようにはすすめますが、必ず行かなくてはならないというわけではありません」

「勇太君は一度学校をやめて、また同じ学校に入ってきました」

「ええ、彼から聞いています」

「必要条件でないのに、なぜ彼は、高校に入り直したんでしょう？　それも、同じ学校に」

それに対して、Aさんは「うーん」といってしばし言いよどんだ。しばらくたって、

「私にもよくわかりませんが……彼と話していて、今ひとつ自分のやりたいことが見つからないようなんです。何かを求めているんだと思います」と結んだ。

その時、ピンポーンとチャイムが鳴った。時計は九時少し前。勇太が来たのだ。彼はおそらく私がいることはうすうす気づいているだろう。しかし、もちろん、ここは私と勇太が顔を合わせる場ではない。Aさんは部屋を出て、玄関先で勇太と話し始めた。ものの一

○分もたたないうちにAさんが戻ってくる。
「今帰りました」

「だいたいこれぐらいの時間で帰るんですか」

「そうです。短く今までのことを報告させて終わりです。私の家にはあげません。いつも玄関先で話をして帰るんです」

そのあと、保護観察制度のことにも話が及び、いろいろ話をして帰ってきた。Aさんは帰り際に、「もし、彼が学校を休みがちになったら、連絡を下さい」と言って、自分のケータイ電話番号を教えてくれた（しかし、その後私は、彼に電話することも、再び会うこともなかった）。


保護司のAさんと会っても何も事態は変わらなかった。勇太ももちろん「Aさんと会ってどうだった?」などと聞いてくることはなかった。しかし、Aさんと会うことによって、私は勇太の気持ちに少し近づいた気がした。今度は自分の力で彼とのバトルを闘わねば、と自分に言い聞かせた。

勇太はスポーツ万能

六月にスポーツ大会があった。勇太は野球部に属していたが、野球だけでなくスポーツ万能であった。スポーツ大会ではバレーボールに出場。私は大声を出して勇太や他のクラスメートを応援した。勇太の運動神経のすごさに、私は舌を巻いた。結局、一年生なのに、上級生クラスを破って我がクラスが優勝。勇太の活躍がすべてであった。その上、勇太は「最優秀選手」にも選ばれた。閉会式で名前を呼ばれ前に進み出て、校長から賞状をもらったときは本当に嬉しそうであった。

こうして日々が過ぎていったが、スムーズには進まないことを思い知らされる事件が起きた。一学期も終わりに近づいた頃、勇太がらみの事件が起きた。

ついに事件が勃発――一触即発の事態

ある日の放課後、「勇太が騒いでいる!」という声を聞きつけ、私は現場に駆けつけた。見ると二階のトイレ前で勇太を含む何人かと先生たち何人かが「対峙」している。勇太が「どこに証拠があるんだよ!」と息巻いている。B先生は、勇太がトイレでたばこを手にしているところを見たといい、勇太は例によって否定している、という構図だった。

正義感に満ちた若いB先生は、「君は未成年だろう。未成年がたばこを吸うことは許されない」と迫る。勇太は「逆切れ」し、ドスをきかせる。「関係ねえよ。俺は吸ってないって言ってるだろ。ぶっ殺してやる！」と叫び、B先生に掴みかからんばかりに進み出た。私を含む何人かが危険を察し、勇太とB先生の間に割って入る。一触即発の状態であった。

「勇太、落ち着け！絶対手を出すな！」と、私は、ごつい体つきの勇太の前に立ちはだかった。「手を出すな」と私は繰り返した。

「いいか、勇太。今度暴力事件を起こしたら、もう学校にはいられない。なあ、勇太、よく考えてほしい。お前がこの学校に入り直したのはなぜなんだ。やっぱり学校を続けたいという気持ちがあるからだろう？　そうじゃないのか？　だから、今度こそ絶対進級してほしい。進級するって約束したじゃないか。俺だって、担任としてお前に絶対進級してほしい！」と必死で話しかけた。

勇太は、少し言いよどんで「別に、進級するって先生に約束したわけじゃねえよ。学校なんかやめてもいいんだよ。でも、友達もいるし……」。

「君が学校に入り直したのはそれなりの気持ちがあったからだろう。それを大切にしてほしい。興奮して暴力事件なんか起こしたら終わりだ」

「わかったよ。大丈夫、手は出さないよ。でもBのやつが、俺がタバコを吸ってもいないのに吸ってたって決めつけやがって……」

「冷静になったのなら、Bのやつなんていう言い方はやめな」

「とにかくB先生は俺を疑ってるんだ」

少し落ち着いてきた勇太を見て、こちらも切り込む。

「B先生も遠くから見ただけだとおっしゃっている。君がどうしても吸ってないと言い張るなら、しかたがない。でも、以前も同じようなことがあったよな。君は実際タバコを持っているだろうし、吸ってないと言い張っても信用されないよ。とにかく、学校でタバコを吸うのはやめることだ。それと、もう一つ、B先生に向かって、ぶっ殺してやる、というのは絶対許されない。B先生に対して謝罪してほしい」

「ふざけんなよ。何で謝らなきゃいけねえんだよ。謝るのはB先生のほうだろ」

「タバコの件はもう終わりだよ。そうじゃなくて、君の暴言を問題にしているんだ。どんな理由があれ、人を傷つけたり脅したりする言葉を口にしちゃいけない。それは絶対許せない。担任としてここは絶対引けない。一言、B先生に謝ってほしい」

「関係ない。謝罪なんかしねえよ」

「謝罪は卑屈になることじゃない。B先生に一言謝ることで、君が一回り大きくなることにつながるんだ。だから、担任としてここは絶対引けない」

同じようなやりとりが何回も続いた。そのあと、しばらく沈黙。……そして、勇太がニヤッと笑って、軽い口調で言う。

「わかったよ。……B先生、すみませんでした。……でも、これからはしっかり見てくれよなあ！」

「加藤先生？　勇太だけど……」

一学期もそろそろ終わりに近づいていた。勇太はHRには全く出なかったが、授業にはそこそこ出ていた。ある日、個人面談で勇太を呼び出した。驚いたことに、遅れたが素直に職員室に来た。「赤点がいくつかあるけど、頑張れば大丈夫。欠席もあまり増やさないように」というありきたりのことだけを短く伝えた。「絶対進級しようぜ」とだめ押しすると、少し笑って軽くうなずいた。その面接の最後に、私は、切り出そうかどうか迷っていたことを、あえて切り出した。「それで……緊急の連絡もあるから、やっぱ、ケータイ番号を教えてほしい……」。勇太の答えはこうだった。「わかった。先生のケータイ番号教えてよ。あとで連絡するから」。驚き！

その夜勤務を終えて暗い道を歩いていたら、私のケータイが鳴った。出ると勇太からであった。「加藤先生？　勇太だけど……この番号登録しといて」。聞いたことのない優しい声であった。これが勇太？　だいたい「おまえ」とか「てめえ」とか言われたことはあっても、「加藤先生」などと呼びかけられたのは初めてのことだった。すべての苦労が消えた気がした。

その後の勇太が「いい子」に切り替わったわけではない。しかし、勇太とはどこかで何とかつながっているという実感があった。これがある限り、何とかなる、という自信にもつながった。

勇太との別れ

しかし、私は思いがけなく勇太との「きずな」を引きちぎられることになる。腹黒い校長によって。

異動の年限を越えていた私は、校長に対して、「私は現在一年の担任で学年主任。最後までとは言わないが、あと一年だけ担任をやらせて欲しい。あと一年残留できるよう、都に具申を出して欲しい」と要望した。事態の大変さをわかっている校長なら、喜んで具申してくれただろう。しかし、校長から返ってきたコトバは、「加藤先生には、他の学校で活躍していただきたい」であった！　生徒のことなど二の次、気に入らない教員は追い出す、という校長に怒りが煮えたぎった。

学年の皆さんも、職場の方々も支援してくれた。しかし、校長の対応は変わらなかった。私は勇太を含むクラスの生徒と別れることになった。

いよいよ彼らとの別れの日が近づいた三月のある日曜日、私は勇太を駅に呼び出した。三〇分ほど遅れてきたが、彼は来た。一緒にファミレスへ。

「今度異動することになった」と私は切り出した。勇太はちょっとびっくりしたような表情を浮かべたが、すぐに元の表情に戻った。そして、「困った。英語が困った。どうするかなあ……」と意外なことを口にした。私は英語担当だが、勇太は大変な英語嫌い。でも、担任の甘さで単位は与えた。その甘えが効かなくなるということを直感的に感じたのかもしれない。

「どこに行くの？」「Ｔ高校の定時制」などという簡単な会話があり、最後に「俺がいなくなってもしっかりやるんだよ」と、しんみりして私は言った。それに比してしんみりしない勇太は、「うん」と気のないような返事をした。さまざまな思い、千にも余るようなコトバが胸につかえていたが、ほとんど話せなかった。でも、勇太と二人で最後の時間を過ごせたことは、私にとっては大きな意味があった。

その直後、成績会議があり、辛うじて勇太の進級が決まった。私は例によってメールを送った。「勇太へ　進級が決まったよ。なんだかホッとしたぜ」。いつもは返事など来たためしがないのに、突然彼からメールが飛び込んだ。

「おはよう……今までありがとね。一年間いろいろお世話になりました。俺も頑張るから先生も頑張ってね」

アドレスを消去して

三月下旬に終業式。私は思いの丈を在校生の前で話して別れを告げた。

そして最後のＨＲへ。驚いたのは勇太が座っていたことである。そもそも、ＨＲという場に勇太がいたのはその一年の中で、最初で最後であった。最後に、「みんなの顔を一人ひとり撮らせてくれるかな」といって、一人ひとり、用意したデジカメで撮った。勇太もしっかり被写体になった。

私はT高校定時制に異動させられた。そして一年が過ぎる。

三月のある日、M高校定時制の元同僚から、勇太の進級が何とか決まったとの電話があった。その後、勇太に次のメールを送った。

「勇太へ　三年になれたようだね。おめでとう。これで最後のメールとします。あと二年後、絶対卒業しろよ。それじゃ元気でな」

返事はなかった。しかし、私は自分の役割は終了したと感じ、ケータイから勇太のアドレスを消去した。これで勇太との三六五日が本当に終わった。

エピローグ（二年後）

それから二年後の三月、思い立って昔の名簿で勇太の家に電話をしてみた。彼の卒業式の前日であった。

「はい、もしもし……」と出たのは母親の声。

「私、一年の時勇太君の担任だった加藤です」と言うと、

「あ、その節はお世話になりました」と言って勇太を呼びに行く。

「もしもし、勇太？」

「先生、お久しぶりです」

それが第一声であった。「ですます体」で話すことなどなかった勇太であったが、その声は全く変わっていなかった。「明日、卒業式だよね。懐かしいので顔を出そうと思ってる」というと、「ありがとうございます」とすぐ言葉が返ってくる。ホントにこれが勇太？「じゃ、明日またね」と言って電話を切った。うれしさもあったが、なぜかM高校定時制を去ってからの、この三年間の苦しさが頭をよぎった。

「日の丸」「君が代」の強制を始めとして石原都政が苛烈をきわめ、都立高校は冬の時代だった。その上、異動したT高定時制で担任したクラスは事件続出。私は常に早期退職を考え、出勤前に安定剤を服用する毎日だった。

当日が来た。招待されていないので会場には入れず、まずは職員室に入った。仲の良かった元同僚のIさんが私をにこにこと迎えてくれ、お茶とお菓子を出してくれた。

式の始まる時間が来た。私はしばらく職員室にいたが、式場に行ってみた。式場の後ろのドアは大きく開け放たれていて、中に入らなくても会場を全て見渡すことができた。

式が終わり、卒業生が拍手の中退場する。私は出口に立ち、退場する生徒たちに「おめでとう」と声をかけた。元担任の生徒にはほとんど会えた。嬉しかった。

勇太は、退場時に私と目が合うと、「あとで職員室に行きます」と声をかけてくれた。

私が職員室に戻り、奥の椅子に座っていると、HRも終わったらしく、勇太が卒業証書の入った筒を持ってやってきて、私の前に座った。

「お久しぶりです」

「卒業おめでとう」

「ありがとうございます」

「少しやせたかな？　引き締まったということかな」

勇太はやわらかに笑っている。

「仕事が決まったんだってね」

「はい、昭島の方です」

そんなことを数分話した。三年ぶりの勇太が目の前にいる。別人のような勇太が……。

「これから打ち上げがあるんだろ？　それじゃ、元気でね」

「はい、先生の電話番号も分かったんで、何かあったら連絡します」

「うん、連絡待ってるよ」

立ち上がって、固い握手を交わした。「元気でね」「先生も」。私はいつまでも勇太の後姿を見送った。

教師生活で、生徒に絶望したことは何度もある。しかし、絶望から救ってくれたのもまた、生徒であった。

9　一〇〇点差を超えるもの

定時制のクラブにも、学校間の公式試合がある。都で優勝すれば全国大会に進出する。私が顧問をしているバスケット部でも、都の公式試合が先日おこなわれた。うちは男子も女子も両バスケット部が参加。そしてたまたま、男女が同じ会場になった。

「出ると負け」のチームが

男子のキャプテンは「ま、この試合は勝って、来週また試合だな」と自信たっぷり。女子のキャプテンは、「多分負けるでしょう」と最初から弱気。さもありなん。私は女子バスケ部の顧問だが、今まで一度も勝ったことがない（苦笑）。そして、部員は五人だけ（ちなみに、バスケは五人で行うんです！）。彼女らは基本的にはまじめなのだが、「楽しんでやるタイプ」であり、「勝ち抜くことを目標にするタイプ」では全くない。さらに、顧問の私は、ずぶの素人で、ただ体育館に行って練習をみているだけである。どこにも勝つ要素は見あたらないのである（涙）。

ところが、である。自信たっぷりだった男子チームは、競りはしたがあえなく一回戦で敗退。一方、弱気だった女子チームは、何とダブルスコア近い得点をあげて、初勝利をゲットしたのである！どうなってんの？　いや、まあ、素人の私がみても、相手チームが下手すぎた（失礼）。でも、「相手が下手だから勝てたんだね」などとは、私も彼女らもおくびにも出さない。プライドというものがあるからね。ただ、はっきりしたのは、次の日曜日も試合が入ったということである。彼女らは「来週のアルバイト、キャンセルしなくちゃ。できるかなあ」などと話し合っていたが、後で聞いたら、五人とも何とか次週の日曜日をあけたとのこと。えらい！

重圧に押しつぶされそう

次の日曜日が来た。朝一〇時の集合時間に、誰も遅刻せず集まった。これもえらい。かくして会場校に九〇分以上も早く到着。会場に着くと早速ユニフォームに着替える。しかし、そのころからプレッシャーが彼女らを苦しめる。実は、今回の対戦相手はY校のバスケ部。Y校はいわゆる「昼夜間定時制高校」である。昼夜間定時制高校には昼間部を中心に、全日制に入るような生徒が集まる。クラブも盛んなようでしかも強い、というのが相場である。そしてY校バスケット部は前回都大会で優勝し、全国大会に参加したチームである。

そんなY校を相手にするのである！　Y校との試合の数日前、うちの男子バスケ部のキャプテンは、女子のキャプテンに対して「ま、一〇〇対〇で負けてくるんだな」と冗談交じりに言い放ったそうだ。初戦で敗退した男子チームが偉そうなこと言ってんじゃないよ！　と言い返してやりたいが……残念ながらそれがしだいに現実味をおびてきた。

試合の前に五分ほど、ウオーミングアップをかねた練習をする時間が与えられる。彼女ら五人は重い足を引きずるようにコートに立った。コートの反対側ではY校の部員が練習を始めた。びっくりしたのは、部員の数が十数名いることである。しかも、その練習の仕方がシステマチックできびきびしている。うちは五人ぽっきりで、練習といっても、シュートを打つだけ。その差は歴然としていた。彼女らは相手チームの練習を見て、ますますプレッシャーを感じたはずだ。試合が始まる前から、もう雰囲気に「飲まれて」しまったといえる。

練習が終わった。あと約三〇分後に試合が始まる。彼女らはコートの隅に座る。私が「相手は全国大会に出たチームなんだから、負けてもともとだよ。胸を借りるつもりで、ま、リラックスしてやろうよ」と声をかけても彼女らの表情は硬い。

ある生徒が、「胸を借りるって、胸借りて泣くわけ？」と愚にもつかない冗談を言うのが精一杯。その後「先生、ちょっと寝るから、あと一〇分したら起こして」と言って、フロアの上でごろんと横になる。また別の生徒は、膝をかかえてそこに顔をうずめている。暗い雰囲気がただよう。またある生徒は「やばい！　ほんとにお腹が痛くなってきた！」と言い出す。

「茫然自失」状態の中で

ものすごいプレッシャーが彼女らを覆っていた。しかし、非情にも時間は過ぎていく。試合開始を知らせるホイッスルが響き渡った。さあ、始まる。もう後には引けない。前に進むしかない。彼女ら五人は緊張した面持ちでコートの中央に進んだ。

試合が始まった。Y校プレーヤーの動きの速いこと！　また、パワフルなこと！　うちの選手たちはついて行けない。茫然自失とはこのことか、と思わされた。

前半を終わって五四対〇、というスコア。男子バスケット部のキャプテンが予測した「一〇〇対〇」が現実になろうとしていた。前半と後半の間のハーフタイム（休憩時間）は一〇分。その間に私は、彼女らに向かって「もうちょっと頑張って動いてみよう。全力でやってみよう」とアドバイスした。

すると、キャプテンが「先生、自分でやってないからそんなこと言えるんですよ！　向こうの動きが早くて、ついていけない」と、悲鳴にも近い声を上げた。

私は「でも、とにかくまず一点でも得点しよう。それを目標に頑張ろう」と励ました。このまま終わらせたくない。私も必死だった。

後半は作戦タイムを三回とれることになっていた。それを三回全て取ることにした。向こうは交代メンバーがいるが、こちらは五人だけ。交代要員がいないのである。だから、作戦タイムを取り、少しでも彼女らを休ませてあげようと思った。

割れんばかりの拍手と歓声——思わず叫ぶ「ナイシュー！」

後半戦が始まった。相変わらずの劣勢が続いたが、ある瞬間、Y校のボールを我がチームのキャプテンが奪い、そのまま向こうの堅い守備を突破して果敢にシュートするという場面があった。そのシュートはゴールにならなかったが、それに周りが元気づけられ、次第に味方の動きが活発になった。さらに、うちの選手がボールを奪い、シュートを試みる！　すばらしい動きだった。それまでは、シュートどころか、ボールをキープするのも難しかったのだから。

私は作戦タイムを要求。集まってきた選手たちに、「すばらしい！　ナイスファイトだよ！　得点にならなくても、とにかく積極的にシュートを打っていこう。この調子！」とほめまくった。それは演技でも何でもなく、私の心からの言葉だった。

試合再開。数分たって、ついに我がチームの選手がゴールを決めた！　二点入ったのである（バスケではワンシュートが決まれば原則二点入るんです）。その瞬間私は「よーし！　ナイシュー！」と叫んで大きな拍手をしたが、気がつくと体育館にいる人たちのほとんどがその瞬間に拍手をしていた！　割れるような拍手と歓声が場内に響き渡った。その後、相変わらず劣勢は続いたが、得点を重ね、何とか七点入れることができたのである。

試合が終わって彼女らは

試合の終わりを告げるホイッスルが鳴った。結果は、一〇七対七であった。結局、「予測」はある意味で当たったが、一〇〇点の差を超えるものを彼女らは得た。私もである。スポーツ音痴の私ですら、熱狂してベンチで大声を出して声援した。彼女らの奮闘を心からたたえたい。

帰り道、私は彼女らをコンビニに誘って、「飲みたいもの、食べたいもの一つずつ、取りな。おごってあげる」とねぎらいの気持ちをこめて言った。

「えっ？　いいの？　先生。ありがとう！」と歓声を上げる彼女らの顔は、いつもの顔に戻っていた。

10 取り戻したい、生徒が主人公の入学式・卒業式を

東京都の公立学校の入学式・卒業式では、正面に「日の丸」が貼り付けられ、「君が代」斉唱を強制される。教職員には職務命令が出され、「違反」すれば処分が待っている。最近では生徒の「送辞」や「答辞」にまで校長のチェックが入ると聞いた。このような式で、どうして生徒が主人公になれるのだろうか。このような体制以前の、生徒たちの様子を紹介したい。

新入生のことば

「夜の入学式」が始まった。保護者・教職員の盛んな拍手の中を、新入生が入場してくる。皆、飾らない服装で、茶髪や金髪の生徒も少なくないが、それぞれに緊張の面持ちで席に

座った。

入学式には「新入生代表の言葉」がある。今回話すのはFさんという女子生徒。Fさんは、自分の名前が呼ばれると「はい」と返事をし、マイクの前に立った。

「今日から○○高校定時制での新しい生活が始まります。でも、私はこの場所に立っていることがまだ信じられません。なぜなら、つい数ヵ月前まで私は高校生だったからです。実は、今日が人生で二回目の高校の入学式なのです……」

一瞬、静かな衝撃が会場を走る。Fさんは言葉を続けた。

「数ヵ月前の私には何もありませんでした。高校では、ただ座って授業を受けているだけで、何事もなく毎日が過ぎてゆきました。その中で、自分はなぜ高校に行っているのかということを、考え始めました。その後学校をやめました。やめてからの毎日は本当につらかったです。自分は、このままで本当に良いのだろうかと……。その中で、もう一度高校に行きたいと思い始めました。一度高校をやめたことで、自分の人生に対しての重みも変わりました。今では、高校をやめたことを後悔していません。ただやめただけではなく、その先を考え、また高校に通うことができるようになったからです。この気持ちや努力を忘れないで、充実した学校生活を送りたいと思っています」

卒業生のことば

学校の締めくくりのイベントと言えば、やはり卒業式。定時制の卒業式は、シンプルで感動的だ。体育館のようなだだっ広いところでやらないから、舞台がない。同じフロアで行う。ふんぞり返っている「来賓」もまずいないし。それと、全日制と違って、定時制では卒業証書を一人ひとりが校長から直接受け取る。校長と握手する生徒も。

ハイライトはやはり「卒業生のことば」。これが泣かせる。彼らが四年間で一番輝く時、といっても大げさじゃない。ある年の女子生徒の「卒業生のことば」をご覧あれ。

……四年という時間の中には本当に色々なことがありました。その中でも私を少し大人にしてくれたのが、母との別離だったと思います。私が二年生の時でした。元々身体の弱い母が、突然入院し、あっけなく逝ってしまいました。悲しかった。でも私はその時期にもう一度心を強くしました。「絶対に学校をやめない」って。入学した時の信念に必死にしがみつきました。それは、何よりも母が私の入学を喜び、誰よりも一番私が卒業することを願っていたからです。

今でもよく思い出すのが、母が「卒業式には必ず行くからね」と言っていた言葉です。その言葉を思い出す度、私は心の中でちょっと意地悪をして「お母さんのうそつき」と思った後に「ウソウソ、ゴメン。一緒に式に出ようね」と思い直し、少し複雑な笑みを浮かべます。母が亡くなってからのその後は嵐のような日々で、正直言って毎日が戦争のようでした。でもどんなに辛くても、悲しいことがあっても、それを乗り越えて楽しいことや喜びを見出して生きていくこと、そんな心の大切さを母が身をもって私に教えてくれた気がします……。

生徒たちが抱えている人生の重さ、そして前向きな姿勢。教師が生徒から学ぶ瞬間である。

11 オレを捨てたべ

失敗しない程度に

私が持った最後の担任クラスに、拓はいた。拓は全日制高校を中退。勉強は嫌い、でも高卒の資格は欲しい、という動機で我がT定時制に入学してきた。一度「失敗」しているから次はしっかりやるはず、と考えるのは……甘い。失敗したからこそ「次は失敗しない程度にグータラやる」が「教訓」となる。

四月、五月はほぼ学校に来ない。ある日、呼び出して話をする。「このままじゃ、進級が厳しくなるぜ」と言うと、「まだ大丈夫だべ」との反応。私は力を込める。

「一度高校をやめているんだから、T定ではぜひ進級してほしい」

「オレ、やるときはやるから大丈夫」

三月末、ぎりぎりではあったが拓も進級した。彼に伝えると「余裕だよ」との反応。強気の拓であった。

俺らを見守って

二年の新学期、クラス替えがあり、拓は私のクラスから外れた。新クラス発表の直後、私は廊下で拓とすれ違った。彼が言う。「先生、オレを捨てたべ」。

その後も会うたびに「オレを裏切ったべ」「オレ、何で先生のクラスじゃないの」と言い募る。私は黙っていた。確かに拓との心の交流はあった。しかし「悪ガキ」の拓が、誰が担任になるか、ということになぜそれほどこだわるのか……不思議だった。

それでも、彼がピッチャーで活躍する野球部の公式試合に応援に行ったりする中で、次第に打ちとけてきた。応援に行ったある休日、拓は「先生、オレたちが都大会で優勝して全国大会に出たら焼肉おごって」と言う。「いいよ」と軽いノリで応えると「やったね。また応援に来てよ！」。

彼らの三年終了と共に私は定年退職した。退職直後、拓からメールが来た。

「今までお疲れちゃん。この三年間本当にありがと！　先生がいなかったらここまで来られなかったと思うし、ムカつくM先生をとっくに殴ってたと思う（笑）。これからは担任の言うことをきいて、来年には卒業できるよう頑張ります。だから学校からいなくなっても、俺らを見守ってて下さい」

深紅のネクタイ

四年生の夏、彼らはあれよあれよという間に都大会で優勝。拓がグラウンドで「先生、応援ありがと！」と満面の笑顔で叫ぶ。いよいよ定時制の全国大会へ。全日制高校の全国大会の会場は、御存知の通り甲子園だが、定時制の会場は神宮球場である。しかし、さすがに全国の壁は厚く、二試合目で敗退。私は、約束通り、拓たち数名を焼肉屋に招待した。懐は痛んだが、久々の彼らとの交流。嬉しかった。

年が変わった。三月の卒業式の前に、拓は成人式を迎える。私はデパートで深紅のネクタイを買った。

卒業式当日、私は一年ぶりに学校に足を運んだ。私が贈ったネクタイを結んだスーツ姿の拓がいた。式終了後、拓とツーショットで記念撮影。その後、彼からメールが届いた。

「先生のおかげで卒業できたと本当に思ってる！　この日が迎えられて、先生が贈ってくれたネクタイ締めて卒業証書を取りにいけて、本当に幸せ！　ありがと！　T定で本当によかった！」

デモに行ってるの？

卒業後、今でも一一月末になると、拓から「先生、忘年会やるけど、いつがいい？」との連絡が入る。私もメンツの一人らしい。ある土曜、きつい仕事を抱えている彼らが居酒屋に全員揃ったのは、何と夜の九時。

隣に座った拓が言う。「秋にテレビとかでやってたじゃん、何だっけ、あの法律」「ああ、安保法制ね」「先生もデモとか行ったの」「うん、何回も国会に行ったよ」。やっぱり、という感じで拓はニンマリ。私は飲み始める前に「戦争法廃案の署名よろしくね」と言って署名用紙を回した。拓も署名してくれた。

拓が言う。「これからスノボに行くんだ」「え、こんな遅く？」「そう、朝着いて、一日遊んで帰る。月曜からまた目いっぱい仕事だから」。

帰宅後の深夜、拓からのメール。「また次回を楽しみに、仕事にデモにがんばりましょー（笑）」。私は心の中で答える。「拓よ、君を捨てなかったよね」。

12 表に出ろ！

ある日の教室での火花

教師であれば誰でも一度は経験するであろう、教室での「火花」。ある日の教室で、またもやその火花が散った。

「てめえ、ふざけんな。表に出ろ！」

私に向かってそう叫んだのは、Aという生徒。大きな体、威圧的な態度。いつも授業態度は悪かったが、その日は目に余った。私がきびしく注意したら、逆ギレしてきた、というわけ。私は、「ああ、またこうなっちゃった。疲れるなあ」と一瞬思う。若い頃は、こういう場面の時は何も考えず、全力で立ち向かった。でも、私ももう五〇代後半。そんなエネルギーはもうない。それでも、こういう場面で逃げることはできない。私とAとの間で、しばしやり合いが続く。

「Aよ。そんな授業態度でいいのか。注意されるのは当たり前だろう」と私は諭すように言う。

「うっせーな。表に出ろよ。ボコボコにしてやるよ!」（と言いつつも、Aは興奮して立ち上がったりはせず、後ろの席に座ったまま。クラスの皆が見ている手前もあり、虚勢を張っていることは明らかだった。そういう場合は静かに語りかけるのがベスト）

「授業中は騒がないできちんとうけてほしい」

「関係ねえよ。オレは頭悪くて、定時に来たんだ。態度が悪くたってしょうがねえよ」

その時点で、私の中で何かがはじけた。「静かに語りかける」原則が吹っ飛んだ。

「何を言ってるんだ!　頭悪いから定時に来たなんておかしいだろう。私は定時でずっと教えている。いろんなやつが来て学んでいる。頭がいいとか悪いとか関係ない!」

Aはちょっとひるんで、「定時がどうこうじゃなくて、オレの頭が悪いって言っただけだよ。あとで話そうぜ。授業続けろよ」と、終息宣言。

結果として、「表に出てボコボコ」にされなくてすんだが……。いやあ、こういうシチュエーションって、一度経験するとどっと疲れるんですよね（苦笑）。

生徒の気持ちを受け止めて

Aはもともと都立の全日制高校に入学したが、問題行動を起こして一年生の途中で退学、その後、我が定時制に入りなおした。周りの生徒より一年年上であり、体も大きいAは、怖いもの知らず。授業中も寝ているか騒いでいるかのどちらかだった。私は彼の担任として機会があるたびに話をしたが、態度は改まらず、この日の火花となった。

数日後、放課後にAと二人で話した。きちんと話す時のAはしっかりしていて、生きる力もある。彼は最近、現場でかなりきつい仕事を始めたとのこと。親が経済的に苦しいので、授業料なども自分のバイト代で払っているという。

「仕事きつくて、ストレスたまる。授業中は疲れていらいらしている……。でも、仕事はやめられない」とぼそっと呟く。

そうなんだ、だから授業で騒いで「発散」するわけだ。Aの生活を理解し、彼の気持ちを受け止めるしかなかった。もちろん、彼の授業態度を認めるわけじゃないけれど……。

そのAが、仕事中の事故で緊急入院となる。ちょっと深刻なケガで、しばらく学校に来られなくなった。当然仕事もしばらくできなくなり、経済的なダメージも大きい。ある日、地図を片手に、病院に見舞いに行った。なにがしかの「お見舞い」を包んで。ベッドの上で点滴を受けているAは、私の顔を見るとびっくりしたようだったが、ケガをした経過を淡々と話してくれた。その日の遅く、Aからメールが入った。

「……別に落ち込んでないから気にすんな！　いろいろ迷惑かけて悪いな」

何とか退院し、学校に復帰したAは、それなりに頑張って進級することができた。

生徒を取り巻く社会的状況は、一層ひどくなっている。教職員に対する管理統制もいよいよきびしくなっている。そういう中で、生徒たちの本当の姿が見えにくい。しかし、だからこそ、生徒の心に食い込みたい、と切に思う。

13 学校嫌いを乗り越えて

さくらさんは、二年から私のクラスになった。彼女は、わりと大柄。いつもジャージ姿で登校していた。一年の時、(欠席数が多すぎて)体育の単位を落としていた。最近の定時制に多い「学校不適応」症候群の傾向があった。

団体競技はいやです

二年になっても、さくらさんは体育を休みがちであった。再び体育を落とせば、今度は進級できない。体育のある日は、彼女にメールを送るのが私の常だった。「今日は体育。しっかり出ようね」という風に。

ある時さくらさんから返事が来た。「今日の体育は(内容は)何ですか」と。「そんなのどうでもいいじゃん」と思いつつ、体育の教師に聞いて「バレーボールらしいよ」と彼女に伝えた。彼女から「分かりました。ありがとうございます」と丁寧な返事のメールが届いた。その日、彼女は学校に来なかった。

翌日彼女に「どうしたの昨日は?」と聞くと、「私、一人で走っているとかだったらいいんですけど、団体競技はダメなんです」と言う。「でも、それじゃあ、また単位を落とすことになるよ。もうちょっと頑張れない?」と私。説得力ないなーと思いつつ……。

彼女は一年時から給食をとっていなかった。定時制では食堂に生徒が集まってきて、ワイワイ言いながら食事する。これがとても大切な場なのである。しかしさくらさんは言う。「人が大勢いる中で食事をするのはできないんです」。また、雨が降ったりすると彼女はよく休んだ。

三年になると、家庭科の授業が始まった。これがまたさくらさんにとっては苦役だった。家庭科には調理実習がつきものである。班を作って班ごとに行動するわけだ。彼女はそれがイヤで、家庭科も（実習の時は）休みが増えていった。

私、修学旅行に行きます

そんな彼女にも友達はいた。彼女はイラスト部に属していて、そこでの人間関係はまあまあだった。

三年の秋（私の定年退職半年前）、沖縄修学旅行があった。

そういう生徒だから、さくらさんは学校行事にはほとんど欠席だった。遠足も行かない、スポーツ大会には顔も出さない、文化祭は、イラスト部の展示だけに参加、という感じだった。だから、修学旅行など行くはずがないと思っていた。ところが「参加します」と言ってきたのである。驚き！　その後ふと思いついて、さくらさんに「修学旅行のしおりの表紙に、イラスト描いてくれないか」と頼んだら、数日後に作品を持ってきた。沖縄風の衣装を着た女の子が三線を弾いている精緻なイラストで、タッチがとても素晴らしかった。早速採用。しゃれたしおりができた。

旅行当日、彼女は遅刻もせずに羽田空

港にやってきた。イラスト部の仲良しが参加したこともあり、沖縄現地でも実に楽しそうであった。彼女の笑い顔をたっぷり見せてもらった。その時もほとんど黒っぽいジャージ姿であったが。

行事も終わり、学年末が近づいた。さくらさんは、心配した体育も家庭も、（補習はあったけれど）何とかクリアした。私は、最終学年の四年まで担任できず、三年の終わりで定年退職したが、彼女も含めて全員進級させて、肩の荷を下ろした。

無事に卒業できました！

退職後は、さくらさんとの連絡は全くなかった。四年生になって、何とかやっているらしかったが……。彼らの卒業が近づいた翌年の二月末、突然メールが入った。何と、さくらさんからであった。

「お久しぶりです。先ほど無事に卒業が決まりました！」

私は返事を送った。

「さくらさんから無事卒業の報告が聞けて、涙が出るほど嬉しいね。本当におめでとう。三月の卒業式には参加して、後ろから見守っています」

卒業式当日、久々に見るさくらさんは変わっていなかった。しかし、もうジャージではなく、誇らしげな紺のスーツ姿の彼女がいた。

14

八〇歳の修学旅行

タミさんは八〇歳

第一部⑯「定時制に乾杯！」(79頁)で、講談師が「八三歳の女子高生」という演目を披露してくれたことを紹介した。それにあやかって「八〇歳の修学旅行」を紹介したい。そう、夜間定時制高校の特徴の一つに、異年齢層の方の存在がある。一六、一七歳の若い生徒に交じって、二〇代から六〇代、七〇代の方々が、数は少ないが入学してくるのである。

私が定時制高校で出会った「最長老」は……タミさんという女性だ。卒業時には八〇歳になっていた。私は彼女に二年間英語を教えた。絶対休まず、いつも一番前に座っている。私が教室に入ると、彼女の机上にはすでに教科書とノートがしっかり用意されている。授業中はわき目もふらず私の話を聞き、眼をしばたたきながら黒板を見つめノートを取る。

しかし……テストをしてみると、失礼だがあまりできていない。記号問題などで少々点を取るが、英単語を書かせるなどの「記述式」系問題に関してはお手上げ状態。でも私は、最後には高い評価をつけましたよ。成績は、テストに加えて、提出物、まじめさ、出欠状況等、それこそ「総合的」に評価して出すべきものですからね。

タミさんは授業に休まないだけではない。学校行事にはすべて参加する。運動会などにもジャージを着て果敢に参加。綱引きでは若い生徒たちに交じって綱を引く。驚き！ しかし、そうはいってもやはり、八〇歳近くになると階段の上り下りが辛いようで、障害者用のエレベーターを使っている。耳も遠く、会話があまり成り立たない。それでも彼女は毎日学校に来る。

修学旅行で沖縄へ

そのタミさん、修学旅行にも参加することになった。場所は沖縄である。担任ではなかったが、引率者の一人として私も同行した。

旅行当日、タミさんは、若干ふらつきながらも、朝九時前に羽田空港に到着。それを見た四〇代半ばの男性の担任は、「タミさん、よく来られましたね！」と言いながら、彼女の両手を取った。私も担任の先生と同様、彼女が羽田に一人で来たというだけでもう感動！

沖縄に着いて二日目、ひめゆりの塔に到着。資料館を見学する。タミさんは資料をじっくり見ながら歩く。ひめゆり学徒隊で亡くなった女子学生は、タミさんと同世代。彼女らの顔写真を見ながら、さまざまな思いが胸に去来したのだろう。近くにいた「クラスメート」達にその思いを語っていたようだ。そのクラスメート達はまだ一八歳、タミさんのひ孫でもおかしくない。そのクラスメート達がまたエライんです。タミさんの話を聞きながら、しっかりエスコートしている。荷物を持ってあげたり、手を貸してあげたり……みんな優しいね。

三日目、カヌー体験があった。二人一組になりカヌーを漕ぐ。「体調が良くない」などの理由でキャンセルする生徒も出る中、彼女は果敢に浮き具を身につけ、カヌーを漕ぎ始めた。相手の漕ぎ手は担任の先生である。二人は向き合い、何か話しながらゆっくりと漕いでいく。沖合まで出て、そして無事戻ってくる。心温まる光景であった。

タミさんは、最終日の体験学習でも黒糖作りに挑戦。終わると次はガラス玉作りに取りかかる。見るとバスガイドさんが彼女の傍にぴったり寄り添い、作成を手伝っている。タミさんの行動が、周りの人に感動を与え、そして人間の輪が広がっていく。定時制ならではの光景。定時制ならではの温もり。

三泊四日の旅行を終えて、全員が無事に羽田に帰ってきた。みんなの満足げな顔。タミさんはまた、ひ孫のようなクラスメートに付き添われ、荷物を持ってもらいながらバスに乗って帰っていった。

卒業式に和服姿で

そのタミさんもいよいよ卒業を迎える。卒業式当日の彼女は、なんと和服姿！　銀ねず色というのか上品な色あいである。いやあ、決まってるね、タミさん！　姿勢も見違えるようにシャンとしている。担任の呼名が始まる。タミさんは名前を呼ばれると「はい」と晴れやかに返事をし、踏みしめるように歩いていく。校長から卒業証書を受け取る。校長と握手。暖かい拍手が会場に広がる。タミさんにとって最高の日。卒業おめでとう、タミさん！

15

進級したかったです——少年院送致の生徒からの手紙

Yは突然鑑別所に入った。数ヵ月前に外で起こした集団暴力事件に関わったという「罪状」である。以前も訪問したことのある鑑別所に面会に行く。いつもは話を半分も聞かないYが、鑑別所の面会の部屋で、「先生、迷惑かけてすみません」と神妙だ。当たり前と言えば当たり前だが。

一〇月の初旬に「審判」となった。その日に、家庭裁判所から今後の措置が言い渡される。その日に「出所」できれば何とか進級の見込みが出てくる。しかし、それ以上長引けば、欠席日数が多すぎてアウト。その日に解放されることを祈るしかない。

審判が数日後に迫ったある日の午後、Yの母親から電話があった。

「警察から連絡があって、子どもの『罪状』がまたひとつ見つかったらしいです。ですから、今度予定されていた審判は中止で、鑑別拘置の期間がさらに長引くことに……」

私は聞いていて、「終わったな」と感じていた。これで進級は絶望的となったわけだから。それから二週間ほど鑑別拘留が長引き、やっと審判の日が来た。

審判の日は出張があり、私は家庭裁判所に行けなかった。その日の夜、母親から電話。

「先生、少年院送りになってしまいました。ただ短期と言うことで、半年強の期間ですが……」

「そうですか……それでどこの少年院ですか?」

「N県です」

「N県!」

それから数日後、Yはあっという間に少年院送致となった。そう簡単にはN県まで面会に行けない。しかも面会はウィークデイだけという。私は母親に聞いてみた。

「手紙は受け取ってもらえるんでしょうかね?」

「大丈夫だと思います、担任の先生なら……」

次の日、その少年院に電話。「私は、そちらでお世話になっているY君の担任の教師です。手紙を出したら彼に渡していただけるのでしょうか」と聞くと、電話口に出た職員の方が言う。「ええ、大丈夫です。本人に良い影響を与える人の手紙は本人に渡すことになっています」。ふーむ、「悪影響」を与える友達の手紙はダメと言うことだ。おそらく、プライバシーなどなく、来た手紙も、本人が出す手紙も指導（検閲）されるのだろう。

私は一二月最後のＨＲで配布したクラス通信を封筒に入れ、短く言葉を副えて彼に手紙を投函した。年も押し詰まった頃であった。

年が明けて学校が始まった頃、職員室の私の机上に一通の手紙。Ｙからであった。住所には、もちろん少年院などという言葉はない。

　拝啓

加藤先生、お手紙までありがとうございます。

遅くなってすみません。それとあけましておめでとうございます。

先生……。本当いろいろありがとうございます。感謝しております。今まで学校で迷惑ばかりですみませんでした。

先生、新年明けてうちのクラスはどうですか？　みんな元気ですか？　とても心配です。今先生が走り回っている姿が想像できます。

先生、今のクラスの情報もありがとうございます。また知らせてください。お願いします。

先生、進級したかったです。先生のクラスがずっと良かったです。

でも帰った時は必ず先生にあいさつしに行きます。先生、クラスのバカ連中をお願いします。彼らを進級させてあげてください。

それでは、お体に気をつけ、仕事頑張ってください。僕も寒いですが気をつけます。

また手紙待ってます。

敬具

半分以上は「指導」され「検閲」された文章であることは間違いない。でも、端々に彼の心の叫びもかすかに感じられた。最後の「また手紙待ってます」には少しホロリとさせられた（「クラスのバカ連中」とは、自分と仲の良かった悪ガキたちのことである）。数日後、私は、スポーツ大会時の写真を載せたクラス通信を同封し、次のように書いた。

……君の友人のPも担任からよく注意されているけど何とか学校には来ています。一緒に二年に進級してほしかった！　残念です。でも今はとにかく与えられた課題をきちんとやり、〝新しい自分〟になるために全力で頑張って下さい。君はまだ若いし、一年や二年遅れたからといって、長い人生の中では関係ありません。いつの日か会える日を楽しみにしています。


ある日、Yの母親から電話があった。

「先日面会に行ってきました。学校のことですが、留年ということも考えましたが、少年院を出たら仕事に専念すると自分で結論を出したようです。先生にはお世話になりましたが退学届を……」とのことだった。

三月に退学手続きが完了した。Yの「出所」は五月のゴールデン・ウイーク開けになるようだと、母親から聞いた。

退学届が出てから、私はまたYに手紙を書き、終業式に配布したクラス通信も同封した。その通信には「四月六日が始業式！　遅刻するなよ」と書き込んであった。すでに退学してしまったY。そのYに送っても意味のないクラス通信。でも、これが最後のメッセージと思って送った。

四月六日、始業式の日になった。この日は当然のことながら一年で一番、というくらい忙しい日。私は例によって走り回っていた。式が終わったあと、教室でHR。忘れ物に気づき、職員室に戻ろうと廊下に出て早足で歩いていたら……「先生！」と声をかけられた。見ると……何とそこにYが笑いながら立っている！

「あれ！　Y！　どうしたの？　ゴールデン・ウイーク明けじゃなかったの？」

「いや、いろいろあって昨日出てきました」

昨日出所した？　詳しくは分からないが、もともと四月初めの出所の可能性はあったらしい。私が出した手紙が少年院に着いたのは、出所の数日前の四月初め。同封されたクラス通信に「始業式は四月六日」と書いてあったのを彼はしっかり読んでいた。四月五日に家に帰った。そして次の日に懐かしい学校に「登校」したというわけだ。

眼の奥の鋭さは少々和らいだだろうか。「手紙をありがとうございました」ときちんとあいさつ。放課後、悪ガキ連中と一緒に、楽しそうに話しながら帰って行った。暗やみに消えていくYの姿が見えなくなるまで私は立っていた。

16 ドタキャンするかも――小さな奇跡の顚末

友達いなくても大丈夫

ありがちのパターンだが、ヒデは二年生の時、全日制から転入して私のクラスに入ってきた。訳ありだが、私は詮索しない。それから一年以上たったが、いつも一人で行動している。定時制には給食があるが、広い食堂でいつも一人で食べている。誰かと談笑している姿を見たことがない。休み時間はヘッドホンをして音楽を聴きながらゲーム機をいじくっている。

面談をすると一応話はする。「誰か話す人いる?」と聞くと「いや、いません。友達いなくても大丈夫です」という答えが返ってくる。たまにさぼるけど、一応学校には来ている。そんなヒデだから、授業は一応出るけれど、行事となると一切顔を出さなくなる。文化祭、スポーツ大会、遠足など来たためしがない。ホームルームもよくさぼる。「行事にも顔出したら?」と事あるたびに言っても、改善されない。

彼も三年となり、修学旅行の時期が来た。金銭的な問題もあるが、宿泊行事で生活を共にすることを生理的に受けつけない生徒もいて、定時制ではおよそ六〜七割の参加率である。私達も「ぜひみんなで行こうね」と誘いはするが、「学校行事なんだから全員参加だぞ」などと強制するような言い方はしない(しても意味がない)。

「参加・不参加」のどちらかに○をつけた「参加確認書」を全員から出してもらった。ほぼ全員が提出したと思ってチェックしたところ、ヒデがまだ提出していなかった。私は「行事は一切無視のヒデだから、修学旅行など来るはずがない」と思い、聞くまでもなく「不参加」だろうと思っていた。念のため、次の日ヒデに「修学旅行の参加確認書出てないんだけど」と軽く聞いてみたら、意外な言葉が返ってきた。「今、どうしようか迷っているんです」

一応参加にしてください

迷っている? えっ、じゃあ、もしかすると参加する可能性があるの? まさか、と私は驚いた。しかし、その後数日経ってもヒデから確認書は出なかった。お金のこともからむので、参加人数を確定しなければいけない時期が近づいていた。

明日がリミットという日、私はヒデに「今日中に返事を欲しい」とメールを送った。それにはすぐ返事が来た。「自由行動はあるんですか」。それに対して私は返事を返した。すると、「部屋割りはどうなるんですか」。それにも返事を返した。

しばらくたって、彼の結論がメールで送られてきた。「一応参加にしてください」。その後に次のような言葉が添えられていた。「ドタキャンするかもしれないですけど」。私は「その場合、時期によってはキャンセル料が発生するけど、それは了解してね」とメールを打ち、保護者にも同趣旨のことを伝えた。

その後、ヒデになんの変化もなかった。ただ、修学旅行で不在の時期に、給食の予約を入れていることがわかったので、彼に「修学旅行の時は食べないんだから給食はキャンセルしておいて」と軽くアドバイスした。するとヒデは笑みを浮かべて「旅行をキャンセルするかも知れないから給食は入れておきます」

しかし、修学旅行が近づいてもキャンセルの申し出はなかった。いよいよ修学旅行前日になり、最後の結団式があった。ヒデはそれにもきちんと出席した。

修学旅行の朝が来た

そして当日の羽田空港。ヒデは遅れることもなく集合場所に姿を現した！　来た、ヒデが来たんだ！　奇跡が起こった♪

沖縄でのヒデはいつもと変わりがなかった。自由行動の時はグループで行動することになっていたが、実際の彼は耳にヘッドホンをつけて単独行動をしていた。でも、お土産はしっかり買っていた。そして大きな事件もなく羽田に全員無事帰還。解散後、ヒデはまたもや一人で帰って行った。

学期末の面談で率直に聞いてみた。

「ヒデ君、修学旅行に参加してくれたのは嬉しかったけど、ハッキリ言って、君が参加するとは思わなかった。何で参加する気になったの？」

ヒデは苦笑しながら少し考えて、「そうですねえ、まあ、普通の高校生活を送ってみたかったということかな……」と答えた。

自分はいつも一人で行動している、行事はすべてさぼる……でも彼自身もそれで良いとは思っていなかった。何かを求めていたんだなと思う。表面的には変わっていない。でも彼の内部では、確実に何かが動き始めているのではないだろうか。

17
禁煙してる。えらいだろ

わが定時制のサッカー部は、中学での経験者が何人か入ってきて、質量ともにぐんぐん力をつけている。定時制にもクラブの公式試合があるが、今年のわがサッカー部は公式試合でどんどん勝ち上がり、あれよあれよという間に都大会の決勝戦に出場してしまった！私も含めて多くの教職員が決勝戦の応援に行った。見ていて目立つのが、生徒の髪の毛の色。赤あり、紫あり、黄色あり……まあカラフルなこと！

その彼らは、(授業では見せたことのない?) ものすごい集中力でボールを追う。パス回しも抜群だ。一対一で迎えた最終盤、チームのキャプテンTが、絶妙のヘディングでボールをゴールに押し込む。大歓声が上がる……。何と去年の優勝校を破って見事初優勝。顧問の先生と選手たちは抱き合って喜んだ。私も手が痛くなるくらい大きな拍手を送った。

しかし……熱狂にもいつかは終わりが来る。長期の休みも終わり、新学期が始まった。選手たちもフツーの学校生活に戻った。とはいえ、気持ちを切り替えて勉学に励んでいる者は……ハッキリ言って少ない。「オレ、もうやることやっちゃって気がすんだからもういいや。学校やめてもいい」などと口走っている者もいるらしい。目標を失ってしまったということか。事実、サッカー部員たちは新学期になっても授業の出席率がかんばしくない。そんな中で……。

ある日の放課後のこと。Tがガラッと職員室のドアを開けて入ってきた。Tは決勝戦でも大活躍したチームのキャプテンだ。

彼は入ってくるなり「先生、オレ、禁煙してるんだ。えらいだろ」と近くにいた産休代替のS先生に話しかけた。

S先生も目を細めて「そりゃえらいな。やっぱりスポーツマンはそうでなきゃ」と受け答えをしている（もしこの場で「何を言っているんだ！　禁煙なんか自慢にならないだろ。そもそも未成年の喫煙は法律で禁止されているんだぞ」などと答えたら、Tは椅子を蹴って出て行ってしまっただろう）。

別の若手の先生が「そう、タバコは本人だけでなく、副流煙が他人にも及んで……」と理論的に説明。

Tはそれを聞きながら「オレだって禁煙した頃、四〜五日はつらかったぜ。でもチームも優勝したし、やっぱ頑張ろうと思って……今は全然吸ってない」と言う。

私も横から「Tは確か全試合で一番得点数が多かったんじゃないか？」と水を向ける。

「そう、オレ、一五点中八点入れた」とやはり嬉しそう。Tはさらに続ける。「禁煙しただけじゃなくて牛乳飲んでる。一日に一リットルは飲んでる」。

教頭も「そりゃいいことだよ」とにこやかに反応する。

気がついてみると、職員室の先生たちはみなTの方に身体を向け、Tのことばに耳を傾けている。職員室を包む暖かい雰囲気。Tに向けられるやさしいまなざし。

Tは言う。「最近学校楽しくてさ。授業もけっこうガッツ入れて聞いてるよ」。

Tは全日制を中途退学した生徒だ。様々な暗い過去を持ち、屈折や傷を背負って定時制に再入学してきた。優勝がそのTをこんな風に変えた。生徒の成長する姿、これこそが我々教職員の「元気のもと」である。

一方、東京都教育委員会は夜間定時制をどんどん統廃合しようとしている。Tのような生徒の生きる場を、なぜ奪おうとするのか。統廃合を許してはならない、と切に思う。

18
リオさんの書いた五行詩

私が教えている中にリオさんという女子生徒がいる。一九歳だが、家に戻れば母親である。一年前に出産したという。独特の雰囲気を持っている。大人びていて、本心を見せない。授業中、たまに仲間と話しに興じて軽く注意されることもある。しかし、注意してもほとんど反応がない。登校時に顔があったとき、こちらが「おはよう」と声を掛けても返事が返ってきたためしがない。いわゆるシカトか、冷笑である。向こうからこちらに話しかけてくることはまずない。

最後の授業も近づいたある日、リオさんのクラスで五行詩を書かせた。「私も退職なので、みんなに英語で詩を書いて欲しいんだ。記念に取っておきたいので」と言って、書き方を説明した。そして一時間かけて書かせた。もちろん、全員が書くわけではない。「オレ、英語わかんないから書けないよ」と言ってゲーム機をいじっているものも少なくない。一人ひとりに「書いてみよう。まず、書きたいテーマを決めようね。わからない単語はいつでも聞いてね」と声を掛けて歩く。

ふと見ると、リオさんが熱心に書いている。私は彼女に声はかけなかったし、向こうから聞いてくることも一切なかった。そしてチャイムが鳴った。「じゃ、提出してね」と言って集めていたとき、「先生、これ、詩になってる？　今読んで」と、自分が書いたものを私の目の前に持ってきた人がいた。リオさんであった。満面の笑顔を浮かべている。次のような詩が書いてあった。

My baby
Very cute and small
Always cry and laugh and play
She is important
My cute baby

私の赤ちゃん
とても可愛くて小さい
いつも泣いて笑って遊ぶ
彼女はとても大切な存在
私の可愛い赤ちゃん

〔訳は私がつけたもの〕

私は、babyを「赤ちゃん」ではなく「恋人」の意味で使っているのかと一瞬錯覚したが、自分の子どものことについて書いてあるのだとすぐわかった。

私は、「ああ、自分の子どもについて書いたのね。うん、わかるよ。いい詩じゃないか」と褒めてあげた。

リオさんはまだ私のそばに立って、「そう、かわいいの」と満足げに言う。彼女の気持ちが強く伝わってきた。私とAさんの心が初めて触れあった一瞬であった。

以下に、それ以外の生徒の作品をいくつか紹介する。訳はすべて私のもの。

（1）

Life
I've not fought
I was at a loss what to do
I must go next stage

人生
まだ十分闘っていない
いつも迷っていた
自分は次のステージ（段階）に進まねば

Life　　人生

〔三年卒業で、今年卒業予定の生徒の作品である。寡黙な生徒であるが、四行目に彼の静かな決意が秘められていて、何故か感動した〕

(2)

My friend　　私の友達
He listens to me　　自分の言うことを聞いてくれる
And understands me　　そしてわかってくれる
My friend　　友達

〔四行になってしまったが、これを書くのに三〇分以上かかった。最初彼は「何も書くことがない」と言って投げやりだったが、やっと書き上げた。本人も書いた後に「そうだ、これが言いたかったんだ！」と満足していた〕

(3)

Headache　　頭痛

Toothache　歯痛
And　そして
Sore throat　のどの痛み
It hurts!　とにかく痛い！
〔英語が苦手な生徒。ケータイ電話の辞書で単語を調べたようだ。おもしろい作品〕

（4）
My father　親父
Very kind　とても優しい
Work and horse race　毎日働いて、たまには競馬
Take care　無理すんなよ
My father　親父
〔書いた生徒の雰囲気に合わせて、これも私が訳をつけたものだが、こうやって訳すととてもいい。自己満足（笑）〕

（5）
The bird　　　　　　鳥
Cute and wild　　　　かわいくて自然だ
Flying high, fast, free　高く、早く、自由に飛ぶ
It is like my dream　　まるで私の夢のようだ
The great bird　　　　偉大な鳥
〔全日制から来た生徒。学力はある。四行目が素晴らしい〕

（6）
My love　　　　　　私の恋人
Very kind　　　　　とても優しい
Adult　　　　　　　もう成人だ
Always close　　　　いつも近くにいる
I love you　　　　　愛してる
〔二〇歳を越えたボーイフレンドがいる。文化祭の時連れてきていたっけ〕

（7）

My daughter　　私の娘
She is married　　結婚している
I want to see my grandchild　　早く孫の顔が見たい
Very kind mother　　とても優しいお母さんになるはず
You give me joy　　私に喜びをくれる

〔これは、六〇歳過ぎの女性生徒の作品である。彼女は仕事を終えて学校に駆けつけ、いつも一番前で真剣に聞いている、しっかり者である〕

（8）

Snow　　雪
White　　白い
Cold　　冷たい
I like snow　　雪が好きだ

Snow　　雪

〔これはクラスで最も英語が苦手な生徒の作品。私が彼に張り付いて、何とか作らせたもの。ほぼ単語だけだが、彼が書いたことに感動！〕

(9)

My English teacher　　英語の先生
Very tall and nice　　背が高くてカッコイイ
He teaches us, laugh with us, get mad with us　　俺たちに教え、笑いそして怒る
Very good teacher　　とてもいい先生
My English teacher　　英語の先生

〔これは、フィリピンにルーツを持つ生徒の作品。英語には慣れている。私のことを書いた詩であり、嬉しいが、まあ最後なのでヨイショしてくれたのであろう（苦笑）〕

(10)

One year　　一年

Looks long and short
Study, event and vacation
Graduation comes soon
Encounter and separation

長くも感じ、短くも感じる
勉強や行事や休みがあり
気がつけば卒業が近い
出会いと別れ

〔これは、一度留年した経験のある生徒の作品。今はほぼ皆勤で出席している。やはりケータイ電話に入っている辞書を使って、必死に書き上げた〕

19 悔しさと嬉しさと——裁判で得た「宝物」

私は「君が代」不起立の処分撤回取り消しを求めて闘ってきた。提訴が二〇一四年三月。そして三年半後の二〇一七年九月一五日、地裁判決が出た。

判決前夜、様々な思いがよぎった。頭に浮かぶのはやはり、判決の中味だ。「君が代」関連の今までの判決は、正直、芳しいものではない。だから「勝訴」は難しいんじゃないか。でも「敗訴」まではいかないだろう。そうすると「一歩前進」か「一歩後退」か。当日の発言内容をくれくれと考えているうちに……いつの間にか寝ていた(笑)。

当日下された判決は「一部勝訴」であった。基本的には今までの判決の仕切りを変えるものではないが、それでも「一歩前進」といえる。判決の説明って、ハッキリ言ってわかりにくい。でも、この稿の末尾にまとめがありますので見てくださいマセ。

判決を受けて思うのは、原告団一四人全員で勝ち取った「一部勝訴」だということ。戒告の人は取り消されなかった。減給・停職の人は取り消された。「悔しい人」と「嬉しい人」がいる。でも全員が悔しさと嬉しさを共有した。それが、判決の中味以上に、かけがえのない宝物として私たちの心に残った。原告の一人が言っていた。「一人で裁判をしていたら勝てなかった。それぞれの原告の力が合わさって勝ち取れた」と。

そして学んだのは、司法&裁判官についての見方。私たちの判決を書いたのは佐々木宗啓裁判長という人だ。この人、私たちの前にも「君が代」裁判関連の判決を書いている。その時の判決文は、起立しなかった教員を「教育委員会に逆らう極悪人」のように描いた。今回の判決文を読むと、大筋の結論はあまり変わらないが、原告の主張にそれなりに耳を傾けた、と思える箇所がいくつかあり、全体的にも「やさしいまなざし」が感じられる。

つくづく思う。三権分立とか言ったって、司法は基本、体制擁護。裁判官もそうだ（だから、裁判官の笑顔？　に騙されてはいけない）。でも、そうであっても、裁判官も人間だ。原告の「心からの叫び」が裁判官の胸にヒットする時が（たまーに）ある。しかし同時に、裁判官の共感を得るにはものすごい時間がかかる。だから、裁判で何度も粘り強く訴えるしかない。生徒がどんなに自分で考える場を奪われているか、教員がどれほど苦しんでいるか、訴え続けるしかない。その意味で、私たちの一部勝訴は、綿々と続く「先輩達」の苦闘の上に勝ち取れたもの。感謝、そして感謝、である。

最後に弁護士の皆さんのこと。「弁護士って、どんな人種なの?」（失礼）と思っていた。お付き合いして感じたことは…三年半にわたって（「一〇・二三通達」が出た時から数えれば十数年にわたって）東京都教育委員会を相手に果敢に闘い、何よりも、原告の心に寄り添ってくれた。弁護団の透徹した論理に基づく書面・弁論と強靭なる粘り腰を抜きに、この裁判は語れない。心から感謝申し上げる。（実は）弁護士と原告間で激しく議論することもあったが、そういう中で信頼感が一層増していったと思う。

判決が出た日の夜、弁護団と原告団が集まって、初めての「ご苦労さん会」を持った。心の通い合う和やかな会だった。一人一人が立って感想を言うたびに、温かな笑いと拍手が会場を包んだ。私は感想をひとしきり述べ、その後に「初めて裁判に関わり、弁護士の皆さんとの付き合い方もわかってきました」と続けた。するとある弁護士が間髪入れず「そういえば加藤先生、最近丸くなりましたね」とチャチャを入れる。一同爆笑の渦…。

以下に載せたのは、被処分者の会の通信に掲載した文章である。少々（かなり?）カタい文章だが、読んでいただければと思う。

未だ途半ば、でも大きな「一部勝訴」

支援者の皆さん。九月一五日の地裁判決で、私たち四次原告は、「一部勝訴」ではあっても、大きな意義のある勝利を勝ち取ることができました。ご支援ありがとうございました。

▽みんなが一つにまとまった

私たちが提訴したのは二〇一四年三月、温かな春の風が感じられる頃。すでに、一次、二次の判決が出され、一定の仕切りがなされた後でした。原則として減給以上は取り消し、という判決に意を強くしつつも、「一〇・二三通達」の撤廃、戒告も含めた全処分の取り消しに向けて、小型船「四次訴訟丸」は荒波の中へと船出したのです。

一四人という弱小原告団でした。誇れるものはたった一つしかない。それは、「全員野球」ならぬ「全員裁判」を目指し、実践してきたことです。毎回の法廷では必ず原告が立ち、自分の「譲れない思い」を涙ながらに語り、「不当な支配」下の学校の現状を告発しました。曰く「教員がモノも言えない学校でいいのか」「生徒への強制に加担したくない」「沈黙は同意と同じ」「戦争は教室から」等々、原告一人一人が様々な切り口で都教委と通達を徹底的に批判してきました。また教育の自由を主張し、加えて「儀礼的な所作だから内心を制約しない」との欺瞞性を暴いてきました。

▽未来に希望の灯りをともすもの

最高裁判決が減給・停職を取り消したのちでも、都教委は反省するどころか、四回目、五回目の不起立者（Tさん）に対して、過酷な減給処分をあえて復活させてきました。今回の四次訴訟では、それが取り消されるかどうかが大きな焦点の一つとなりました。そして今回の地裁判決では、そのTさんに対する減給処分が取り消され、Tさんを含む6人7件の減給・停職が全て取り消されたのです！これは未来に希望の灯をともすものであり、明るい展望を切り開くものです。

しかし、「一〇・二三通達」は依然としてそのまま、戒告処分も取り消されなかった。最高裁判決の「負の部分」は大きく私たちの前に立ちふさがっています。今後、高裁への控訴の中で、何とか重い扉をこじ開けたい、それが原告全員の思いです。報告集会では原告が次々と立って思いを語りました。Oさん（戒告）は以下のように。「今度こそ戒告を何とかしてほしいと思って裁判に参加した。すごく残念。戒告による経済的不利益が増大しているが、それだけじゃなく、担任外しなどが横行している。生徒と触れ合いたくて教師になったのに、これじゃ『生殺し』みたいで、本当にひどい。でも、控訴して頑張る」。

▽原告の訴えが裁判官を揺り動かした

最後に、ある原告の感想の一部を紹介します。

「…戒告のこと、損害賠償のことは大変に残念でしたが、減給・停職処分について、全員取り消されたことは大変な成果でした。都教委に大きな痛打を浴びせました。それ以上に、原告の必死の心からの訴えが裁判長に届き、私たちみんなのがんばりがこの結果をひき寄せた、という貴重な成果を得ました。確かに判決文には表現されていませんが、以前彼が書いた判決文の調子、底流に流れる視線とは明らかに違う対応が感じられます。今の政治状況や他の裁判状況等を考えると、あの佐々木裁判長ならTさんだけ取り消さない、という選択は大いにあることでした。私たちも、極悪人のような、あるまじき教師、という描き方をされていたと思います。それが、Tさんの処分を『特段の事情がない』と取り消したこと、これが彼の精一杯の共感だったと思います。この変り方は、四次原告の訴えが彼を動かした結果だと思います…」

九月一五日は高裁に向けてのスタートラインです。また皆さんとともに歩んでいきます。ご支援よろしくお願いします。

（四次原告団）

あとがき

学校は、そして学校で学ぶ生徒たちも、社会と直面して生きている。

二一世紀に入って、社会構造が大きく変化した。非正規労働が急速に増大し、持てる者と持たざる者の格差が異常なほど広がった。それは学校で学ぶ生徒たちをも直撃する。大きすぎる困難を抱えた生徒を前にして、私たち教師はたじろいだ。生徒の心に食い込みたい、でも心を開かない、やっとホンネに近づけた、と思いきやますます泥沼に……現職時代はその繰り返しだった気がする。

一方で、今の（東京の）学校は、上からの管理支配が極限まで進み、教師も生徒も閉塞状態の中にいる。さらに、かつては集団の中で切磋琢磨し育っていった生徒たちが、現代のネットとメールの洪水の中で、孤立化させられている。そして学校を取り巻いているのは、弱者に厳しく強者には大甘の社会だ。

嘆いてばかりもいられない。私はいつの間にか、その現実を文章化し始めた。底冷えのする夜、放課後の部活を終えて生徒と話しながら帰る時、生徒が何気なく口にする自分の生い立ち。また、誰もいなくなった職員室の片隅で、問わず語りに生徒が語る家族のこと。その時の「小さな感動」を文字に変えた。生徒たちからほとばしり出る肉声、揺れ動く姿を、ビビッドに言葉で記録する作業に没頭した。書かないではいられなかった。

その中で、生徒たちを見る目も変わっていく。苦闘している生徒たちの中に、仄かな「鉱脈」が見えてくる。鉱脈の発見、それは何ものにも代えがたい体験であった。

縁あって、書き溜めたものの一部を『リベルテ』(「序に代えて」で説明済み)に連載させていただいた。書き始めた頃、私はすでに退職していたが、かつての出来事や卒業生との触れ合いなどをまとめる作業は、無上の喜びであった。私にそういう場を与えていただいた『リベルテ』編集部には心から感謝したい。

同時代社の高井氏が私の原稿に目を留められ、「本にまとめては?」とのサジェスチョンをいただいた。私はちょっと尻込みしたが、彼の誠実さにうたれ、お願いをした。作成過程においても、わがままな要求を粘り強く聞き、受け入れてくださった。感謝申し上げる。

またワタクシ事であるが、妻のことに若干言及する。彼女は私の原稿を読む度に「接続詞が多すぎる」だの「冗漫よ。もっと短くならないの」など、うるさいことを言い募り、でもそれなりに的を得ていたので、(ムッとしつつも?)アドバイスを組み込んで何度も書き直した。音楽になぞらえれば、「作曲・加藤良雄、編曲・その妻」と言えるかもしれない。

音楽の話にことよせて、最後に蛇足を。この「あとがき」を書きながら聞いている音楽はバッハのゴールドベルク変奏曲。ピアノ演奏は知る人ぞ知るグレン・グールド。そして今口にしている酒は、山形産「出羽桜」の純米吟醸酒、である。えーっと、おあとがよろしいようで。

加藤良雄（かとう　よしお）

1950年　山形生まれ。

1969年　東京外国語大学英米科入学。

1973年　都立高校に勤務。それ以降英語教員として38年間勤務する。

学校がキライな君へ

2018年1月10日　　初版第1刷発行

著　者　　加藤良雄

装　幀　　クリエイティブ・コンセプト

発行者　　川上　隆

発行所　　同時代社

〒101-0065　東京都千代田区西神田2-7-6

電話　03(3261)3149　FAX　03(3261)3237

組　版　　有限会社閏月社

印　刷　　中央精版印刷株式会社

ISBN978-4-88683-830-8